BUSINESS

승진, 연봉 상승을
결정짓는
남다른 비즈니스 영어

남다른 비즈니스 영어

지은이 한지혜
펴낸이 임상진
펴낸곳 (주)넥서스

초판 1쇄 인쇄 2025년 8월 5일
초판 1쇄 발행 2025년 8월 15일

출판신고 1992년 4월 3일 제311-2002-2호
10880 경기도 파주시 지목로 5
Tel (02)330-5500 Fax (02)330-5555

ISBN 979-11-94643-68-5 13740

출판사의 허락 없이 내용의 일부를
인용하거나 발췌하는 것을 금합니다.
저자와의 협의에 따라서 인지는 붙이지 않습니다.

가격은 뒤표지에 있습니다.
잘못 만들어진 책은 구입처에서 바꾸어 드립니다.

www.nexusbook.com

BUSINESS

승진, 연봉 상승을
결정짓는

남다른 비즈니스 영어

한지혜 지음

**저자만의 경험을 그대로 녹인 실전 비즈니스 표현 수록
영어의 품격과 센스를 업그레이드한다!**

원어민 MP3
무료 제공

넥서스

머리말

해외에서 공부하고 실무를 하며 느낀 점은,
'영어 실력만으로는 부족하다'라는 것입니다.

뛰어난 영어 실력만으로는 비즈니스를 잘 하기에 부족하다는 것을 직접 일을 하면서 절실히 느꼈습니다. 해외에서 공부했다고 영어로 일도 잘 할 수 있을 거라는 건 착각이었습니다. 실무에 들어가 보니 그동안 배운 영어와는 전혀 다른 종류의 언어가 필요했습니다. 말은 통했지만 비즈니스 맥락과 뉘앙스를 읽지 못하면 오해가 생기기 쉬웠고, 표현이 맞더라도 흐름을 놓치면 신뢰를 얻기 어려웠습니다.

이건 단순히 언어의 문제가 아닙니다. '일의 방식'을 이해하고, 그 안에서 제대로 된 영어를 써야 원활하게 일이 가능합니다. 한국에서도 학교를 졸업했다고 바로 비즈니스 실무에 투입되기 어려운 것처럼, 영어도 마찬가지입니다. 저는 비즈니스 영어는 단순히 문장을 외우는 게 아니라, 일의 구조와 흐름을 이해한 사람만이 제대로 사용할 수 있다고 믿습니다.

이 책은 제가 실제로 부딪치고, 써 보고, 가르치며 다듬어 온 비즈니스 영어의 기록입니다. 이론보다 실전에서 실제로 통하는 언어를 담으려 했습니다.

이 책은 저의 두 번째 책인데요. 첫 책에서 주로 실무 현장, 실사와 컨설팅 등 구체적인 업무 프로세스에 초점을 맞췄다면, 이번 책은 그보다 '말의 맥락'과 '표현의 다양성'에 집중했습니다.

영어를 잘하는 것도 중요하지만, 일을 잘하는 영어는 따로 있습니다.
그 차이를 느끼고 싶은 분들께 작지만 분명한 도움이 되기를 바랍니다.

저자 **한지혜**

이 책의 구성

UNIT 01 바쁘세요?

일상표현
Are you busy?
바쁘세요?

비즈니스표현
Did I catch you at a bad time?
바쁘세요?

비즈니스 표현 전환하기
일상 표현을 살짝만 바꾸면 품격 있는 비즈니스 표현이 됩니다. 어떤 표현으로 전환하면 되는지 확인해 보고 익혀 보세요.

두 표현 모두 상대방이 바쁜지 여부를 묻는 표현입니다. "Are you busy?"는 상대방이 바쁜지 여부를 묻는 간단한 표현인 반면, "Did I catch you at a bad time?"은 직역하면 "제가 당신을 불편하게 했나요?"라는 뜻으로, 상대방이 회의 중인지, 다른 전화를 받고 있는지, 아니면 다른 일을 하고 있는지 여부를 확인하고 싶을 때 사용할 수 있습니다.
따라서 이 표현은 상대방이 지금 바쁘다면 나중에 연락을 달라는 뜻을 내포하는, 보다 정중한 표현입니다.

일상 vs. 비즈니스 표현 설명
일상 표현의 쓰임과 비즈니스 표현의 쓰임을 비교하며 자세한 용례를 설명합니다.

실전은 이렇게!
A Did I catch you at a bad time?
B Not at all, I'm just taking a quick break. How can I help?
A 지금 혹시 바쁘신가요?
B 전혀요, 그냥 잠시 쉬는 중이에요. 무슨 일이신가요?

실전 대화문 및 이메일 수록
배운 표현이 실전에서는 어떻게 쓰이는지 보여주는 대화문 및 이메일 등이 수록되어 있습니다. 음원과 함께 활용해 보세요.

원어민 MP3 듣기

스마트폰에서 MP3 듣기

스마트폰으로 QR코드를 인식하면 MP3를 바로 들을 수 있습니다.

컴퓨터에서 MP3 다운받기

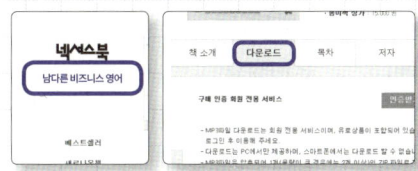

넥서스 홈페이지(www.nexusbook.com)에서 도서명으로 검색하시면, 회원 가입 없이 바로 무료로 다운받을 수 있습니다.

저자 유튜브 활용하기

저자의 유튜브 채널 '비제니쓰 영어'를 방문해 보세요. 채널 내의 동영상 콘텐츠와 함께 학습하면 너욱 효율적으로 영어 실력을 향상시킬 수 있습니다.

목차

Chapter 1 일상 비즈니스 표현

UNIT 01	바쁘세요?	18
UNIT 02	저 바빠요.	19
UNIT 03	정말 잘하셨네요!	20
UNIT 04	실망스러워요.	21
UNIT 05	잠깐 얘기 좀 해도 될까요?	22
UNIT 06	잘 모르겠는데요.	23
UNIT 07	늦어서 죄송합니다.	24
UNIT 08	오늘 몸이 좀 안 좋네요.	25
UNIT 09	할 일이 너무 많아요.	26
UNIT 10	제가 떠나기 전에 해야 할 일이 더 있나요?	27
UNIT 11	이해가 안 가네요.	28
UNIT 12	이거 너무 어려워요.	29
UNIT 13	그건 안 될 것 같아요.	30
UNIT 14	이 절차 때문에 미치겠네요.	31
UNIT 15	쉽게 설명해 주시겠어요?	32
UNIT 16	조용히 해 주세요.	33
UNIT 17	이것 좀 도와주시겠어요?	34
UNIT 18	그럴 시간이 없습니다.	35
UNIT 19	나중에 다시 얘기해도 될까요?	36
UNIT 20	대화해 주셔서 감사합니다.	37
UNIT 21	다음 주에 봅시다.	38
UNIT 22	더 이상 새로운 생각이 안 떠올라요.	39
UNIT 23	오늘 저녁 같이 먹어요.	40
UNIT 24	어디 앉고 싶으세요?	41

UNIT 25	식사를 대접해 주셔서 감사합니다.	42
UNIT 26	오늘 집중이 잘 안 되네요.	43
UNIT 27	저는 술 마시는 것을 좋아해요.	44
UNIT 28	이 제품은 훌륭합니다.	45
UNIT 29	분명히 마음에 드실 거예요.	46
UNIT 30	번호 좀 알려 주실래요?	47
UNIT 31	혹시 링크드인 쓰시나요?	48
UNIT 32	가능한 한 빨리 지불해 주시겠어요?	49
UNIT 33	저희는 충분한 돈이 없습니다.	50
UNIT 34	정말 멋지네요!	51
UNIT 35	뭐 필요한 것 있으세요?	52
UNIT 36	저희를 믿어 주셔서 감사해요.	53
UNIT 37	끝내주네요!	54
UNIT 38	저 다음 주에 자리를 비울 예정이에요.	55
UNIT 39	더 자세하게 말해 보세요.	56
UNIT 40	불편을 끼쳐 드려 죄송합니다.	57
UNIT 41	다른 의견 있으신 분?	58
UNIT 42	함께 이 일을 해 봅시다.	59
UNIT 43	너무 많은 일을 해야 해서 미칠 것 같아요.	60
UNIT 44	더 이상 못 참겠어요.	61
UNIT 45	최선을 다해 보겠습니다.	62

Chapter 2 협업

UNIT 01	이 일부터 처리합시다.	64
UNIT 02	최대한 빠른 시일 내에 송부해 주세요.	65
UNIT 03	상관없어요.	66
UNIT 04	어떤 식으로 수정하기를 바라시나요?	67

UNIT 05	결과물은 언제쯤 볼 수 있나요?	68
UNIT 06	혹시 그 보고서 읽어 보셨나요?	69
UNIT 07	생각해 보겠습니다.	70
UNIT 08	즉흥적으로 해 보시죠.	71
UNIT 09	내일까지 완성해 주세요.	72
UNIT 10	이 프로젝트에서 함께 일해서 즐거웠습니다.	73
UNIT 11	급하지 않아요.	74
UNIT 12	처음부터 다시 시작합시다.	75
UNIT 13	그 문제에 대해 좀 더 말씀해 주시겠어요?	76
UNIT 14	저를 도와주셔서 감사합니다.	77
UNIT 15	걱정 마세요, 제가 처리할게요.	78
UNIT 16	함께 일하게 될 것이 기대됩니다.	79
UNIT 17	이 제안서 때문에 걱정돼요.	80
UNIT 18	기한이 언제까지예요?	81
UNIT 19	마감일을 꼭 지켜야 합니다.	82
UNIT 20	프로젝트 진행 상황에 대해 말해 볼까요?	83
UNIT 21	파일을 확인해 보시겠어요?	84
UNIT 22	일을 잘 끝내도록 자원을 현명하게 사용합시다.	85
UNIT 23	지금 이메일을 보내 드리겠습니다.	86
UNIT 24	앞으로 계획이 무엇인가요?	87
UNIT 25	프로젝트 잘 되어 가요?	88
UNIT 26	제 전문 분야가 아니에요.	89
UNIT 27	뭔가가 빠졌네요.	90
UNIT 28	그 프로젝트 정말 잘하셨어요.	91
UNIT 29	어떻게 생각하시는지 알려 주세요.	92
UNIT 30	그냥 평범한 것 같아요.	93

Chapter 3 협상

UNIT 01	얼마예요?	96
UNIT 02	너무 비싸요.	97
UNIT 03	저희가 생각했던 가격과 너무 다른데요.	98
UNIT 04	아니요, 그 제안은 받아들일 수 없습니다.	99
UNIT 05	무슨 말씀인지 이해했어요.	100
UNIT 06	타협점을 찾아봅시다.	101
UNIT 07	한번 들어 봅시다.	102
UNIT 08	제가 그것보다 나은 제안을 드릴 수 있을 것 같습니다.	103
UNIT 09	다들 동의하시나요?	104
UNIT 10	결정하는 데 시간이 더 필요합니다.	105
UNIT 11	죄송하지만, 그것은 제가 해 드릴 수가 없어요.	106
UNIT 12	더 진행하기 전에 우리가 명확한지 확실히 합시다.	107

Chapter 4 인터뷰

UNIT 01	(질문에 대한 답을) 모르겠습니다.	110
UNIT 02	된 것 같습니다(질문 없습니다).	111
UNIT 03	결과는 언제 알 수 있나요?	112
UNIT 04	저는 이전에 구글에서 일했습니다.	113
UNIT 05	저는 이 일을 하는 것을 좋아합니다.	114
UNIT 06	그것이 바로 제가 잘하는 것입니다.	115
UNIT 07	그건 제가 잘 못합니다.	116
UNIT 08	저는 여가 시간에 그런 것들을 좋아합니다.	117
UNIT 09	제가 전 직장을 떠나게 된 이유입니다.	118
UNIT 10	이 일에 지원한 이유가 무엇인가요?	119
UNIT 11	커리어 계획이 무엇인가요?	120
UNIT 12	합격하셨습니다!	121

Chapter 5 미팅/화상회의

UNIT 01	잘 안 들려요.	124
UNIT 02	마이크를 음 소거로 해 주시겠어요?	125
UNIT 03	의견을 말씀해 주셔서 감사합니다.	126
UNIT 04	잠시 자리를 비우겠습니다.	127
UNIT 05	다음 주제에 대해 얘기하시죠.	128
UNIT 06	합의를 이루게 되어 기쁩니다.	129
UNIT 07	어떻게 생각하세요?	130
UNIT 08	이렇게 하는 것 다들 괜찮으시죠?	131
UNIT 09	집중해 주세요.	132
UNIT 10	잠시만요.	133
UNIT 11	OO님께서 열심히 해 주신 덕분입니다.	134
UNIT 12	제가 짧게 한 마디 덧붙여도 될까요?	135

Chapter 6 프레젠테이션

UNIT 01	여러분, 안녕하세요!	138
UNIT 02	간단히 제 소개를 하겠습니다.	139
UNIT 03	다음 슬라이드로 넘겨 주세요.	140
UNIT 04	오늘의 주제는 A입니다.	141
UNIT 05	그 점을 좀 더 자세히 말씀드리겠습니다.	142
UNIT 06	이 그래프/차트/표를 보십시오.	143
UNIT 07	말씀드렸던 부분을 다시 한번 빠르게 설명해 드리겠습니다.	144
UNIT 08	그건 잠시 후에 다시 짚어 보도록 해요.	145
UNIT 09	이 점을 꼭 명심해 주세요.	146
UNIT 10	우선, 이 부분을 강조하고 싶습니다.	147
UNIT 11	들어 주셔서 감사합니다.	148

UNIT 12	질문이 있으시면 편하게 말씀해 주세요.	149
UNIT 13	우리 계획에 굉장히 중요한 내용입니다.	150
UNIT 14	이것에 대해 생각해 봐야 합니다.	151
UNIT 15	지금부터는 이 내용을 논의해 봅시다.	152
UNIT 16	이 프로젝트에 우리 팀은 최선을 다했습니다.	153
UNIT 17	이 문제에 대한 해결책을 제시해 드리겠습니다.	154
UNIT 18	이 그래프는 우리의 진행 상황을 보여줍니다.	155
UNIT 19	맥락을 먼저 설명해 드리겠습니다.	156
UNIT 20	이 과정을 설명해 드리겠습니다.	157
UNIT 21	다르게 생각을 해 봅시다.	158
UNIT 22	이것이 우리가 지금까지 논의한 내용입니다.	159
UNIT 23	여기까지입니다.	160
UNIT 24	이 발표를 할 수 있게 초대해 주셔서 감사합니다.	161

Chapter 7   이메일

UNIT 01	어떻게 지내세요?	164
UNIT 02	요청하신 문서를 보내 드릴게요.	165
UNIT 03	빠른 답변 감사합니다.	166
UNIT 04	회의에 오실 수 있는지 알려 주시겠어요?	167
UNIT 05	빠른 회신을 기대합니다.	168
UNIT 06	시간이 있으실 때	169
UNIT 07	업데이트 사항이 있나요?	170
UNIT 08	A에 대해 문의드립니다.	171
UNIT 09	A를 송부해 주시겠어요?	172
UNIT 10	이전에 얘기 나눈 바와 같이…	173
UNIT 11	…를 말씀드릴 수 있어 기쁩니다.	174
UNIT 12	…을 참고하세요.	175

UNIT 13	…을 알려 드리려고요.	176
UNIT 14	이해해 주셔서 감사합니다.	177
UNIT 15	읽어 주셔서 감사합니다.	178
UNIT 16	필요한 게 있으면 말씀해 주세요.	179
UNIT 17	그때 말씀 나눴던 것 확인차 연락드려요.	180
UNIT 18	죄송하지만 귀하는 불합격하셨습니다.	181

Chapter 8   특정 분야별 표현

UNIT 01	메인 프로그램에 추가하기 전에 코드를 함께 살펴봅시다.	184
UNIT 02	인터페이스를 쉽게 사용할 수 있도록 만들어 봅시다.	185
UNIT 03	시스템이 많은 사용자를 처리할 수 있도록 해 봅시다.	186
UNIT 04	보안 시스템을 더욱 강화해 봅시다.	187
UNIT 05	API를 나중에 쉽게 변경할 수 있도록 만듭시다.	188
UNIT 06	오류 처리를 위한 계획을 세워 봅시다.	189
UNIT 07	새로운 요구 사항에 맞게 데이터베이스를 변경해야 해요.	190
UNIT 08	데이터베이스를 더 빠르게 만들어야 해요.	191
UNIT 09	이 보고서를 자세히 설명해 줄 수 있나요?	192
UNIT 10	금융 규정을 모두 따라야 할 필요가 있습니다.	193
UNIT 11	그 프로젝트에 더 많은 돈을 투자해야 합니다.	194
UNIT 12	이 투자 기회의 위험 요소를 살펴봅시다.	195
UNIT 13	이 프로젝트는 투자 가치가 있나요?	196
UNIT 14	현금 흐름표를 자세히 설명해 줄 수 있나요?	197
UNIT 15	재무제표가 정확하고 최신인지 확인해야 해요.	198
UNIT 16	이자율이 우리의 재무 계획에 어떤 영향을 미치나요?	199
UNIT 17	위험 회피를 위해 다양한 것에 투자해야 해요.	200
UNIT 18	지출이 과도하지 않도록 해 봅시다.	201
UNIT 19	우리 제품을 경쟁에서 이길 수 있게 만들어야 합니다.	202

UNIT 20	이 캠페인의 대상은 누구인가요?	203
UNIT 21	현재의 마케팅 전략이 효과가 있는 건가요?	204
UNIT 22	우리의 경쟁자는 누구이고 무엇을 하고 있나요?	205
UNIT 23	앞으로 몇 개월 동안의 마케팅 계획을 세워 봅시다.	206
UNIT 24	우리의 마케팅은 회사의 목표와 일치해야 합니다.	207
UNIT 25	우리 회사가 강한 브랜드를 가지도록 해 봅시다.	208
UNIT 26	산업 내에서 무슨 일이 일어나는지 따라가야 해요.	209
UNIT 27	모든 마케팅 채널에서 동일한 메시지를 사용해야 합니다.	210
UNIT 28	고객이 계속해서 돌아오도록 해야 해요.	211
UNIT 29	우리 산업에서 함께 일할 수 있는 대형 기업은 누구인가요?	212
UNIT 30	대상을 그룹으로 세분화해서 명확하게 타기팅해 봅시다.	213

BUSINESS

Chapter 1

일상 비즈니스 표현

UNIT 01

바쁘세요?

일상 표현

Are you busy?
바쁘세요?

비즈니스 표현

Did I catch you at a bad time?
바쁘세요?

두 표현 모두 상대방이 바쁜지 여부를 묻는 표현입니다. "Are you busy?"는 상대방이 바쁜지 여부를 묻는 간단한 표현인 반면, "Did I catch you at a bad time?"은 직역하면 "제가 당신을 불편하게 했나요?"라는 뜻으로, 상대방이 회의 중인지, 다른 전화를 받고 있는지, 아니면 다른 일을 하고 있는지 여부를 확인하고 싶을 때 사용할 수 있습니다.

따라서 이 표현은 상대방이 지금 바쁘다면 나중에 연락을 달라는 뜻을 내포하는, 보다 정중한 표현입니다.

실전은 이렇게!

A Did I catch you at a bad time?
B Not at all, I'm just taking a quick break. How can I help?

A 지금 혹시 바쁘신가요?
B 전혀요, 그냥 잠시 쉬는 중이에요. 무슨 일이신가요?

UNIT 02

저 바빠요.

일상 표현

I'm busy.
저 바빠요.

비즈니스 표현

I'm tied up with another project at the moment.
지금 다른 일 때문에 바쁩니다.

"I'm busy."는 단순히 바쁘다는 것을 의미하며, 자신이 바쁘기 때문에 지금 당장은 다른 일을 할 수 없다는 것을 전달합니다. "I'm tied up with another project at the moment."는 현재 다른 프로젝트에 집중하고 있어 바쁘다는 것을 의미합니다.

여기서 'tied up'은 '바쁜', '무엇에 매여 있는'이라는 뜻으로, "I'm tied up with another project."는 "나는 다른 프로젝트로 바쁘다."라는 뜻입니다.

실전은 이렇게!

A I'd like to discuss the new marketing campaign. Do you have a moment to talk?

B I'm tied up with another project at the moment, but I'm free to discuss it tomorrow morning. Would 10 a.m. work for you?

A 새로운 마케팅 캠페인에 대해 논의하고 싶습니다. 지금 잠시 말씀드릴 수 있을까요?

B 지금은 다른 프로젝트로 바쁘지만, 내일 오전에 논의할 수 있습니다. 10시에 어떠세요?

UNIT 03 정말 잘하셨네요!

일상 표현　You nailed it!
정말 잘하셨네요!

비즈니스 표현　**You did an excellent job!**
정말 잘하셨네요!

두 표현 모두 누군가의 성과를 칭찬하는 데 사용할 수 있습니다. "You nailed it!"은 보다 비격식적인 표현으로, 친구나 친한 동료와 같은 편한 관계에서 사용할 수 있습니다. "You nailed it!", "You killed it!", "You smashed it!"과 같은 표현들은 모두 캐주얼한 표현입니다.

한편, "You did an excellent job!"은 "당신은 훌륭한 일을 했어요!"라는 뜻으로, 보다 공식적인 상황에서도 사용 가능합니다. 이와 같은 표현으로 "You did an exceptional job!(정말 탁월한 일을 하셨네요!)", "Great work!(잘하셨어요!)"를 사용할 수도 있습니다.

실전은 이렇게!

A　You did an excellent job. Thank you for your hard work on this project.
B　It was a team effort, but I appreciate the recognition.

A　정말 잘하셨어요. 이 프로젝트에 힘을 써 주셔서 감사합니다.
B　팀원 모두 노력했는데, 인정해 주셔서 감사합니다.

UNIT 04

실망스러워요.

일상 표현

That is disappointing.
실망스러워요.

비즈니스 표현

I'm afraid that's not ideal.
죄송하지만 기대했던 바는 아니네요.

두 표현 모두 어떤 제안이나 의견에 대해 부정적인 반응을 표시할 때 사용할 수 있습니다. "I'm afraid that's not ideal."은 상대방의 제안이나 행동이 자신의 기대에 미치지 못한다는 것을 의미합니다. 이 표현은 상대방에게 자신의 실망감을 전달하면서도, 상대방의 제안이나 행동을 존중하는 태도를 취할 때 사용됩니다. "That is disappointing."은 상대방의 제안이나 행동에 대해 더 직접적으로 실망감을 표현합니다.

실전은 이렇게!

A I'm afraid that's not ideal. We need to come up with a better plan.

B Okay, can you provide me with some more details on what our target audience is looking for? I can try to come up with some new ideas.

A 죄송하지만 기대했던 바는 아닌데요. 더 나은 계획을 생각해 보아야겠습니다.

B 알겠습니다. 우리가 목표하는 대상 고객이 무엇을 원하는지 자세하게 좀 알려 주시겠어요? 새로운 아이디어를 제안드려 보겠습니다.

UNIT 05

잠깐 얘기 좀 해도 될까요?

일상표현

Can we have a quick chat?
잠깐 얘기 좀 해도 될까요?

비즈니스 표현

Do you have a minute to discuss something?
실례지만 잠시 대화 좀 나눌 수 있을까요?

두 표현 모두 누군가와 이야기를 나누고 싶을 때 사용할 수 있는 표현입니다. 일반적으로 'chat(말하다)'은 캐주얼한 상황에서 자주 사용되며, 'discuss(논의하다)'는 비즈니스 상황에서 더 자주 사용됩니다. 따라서, "Do you have a minute to discuss something?"은 격식 있게 상대방에게 존중을 표시하며 공손하게 묻는 표현입니다. 이에 덧붙여, 이야기를 나누고 싶은 이유를 설명하는 것이 좋습니다.

추가로, "Would you be available for a brief discussion?(잠깐 이야기할 수 있습니까?)" 또한 격식 있는 공손한 표현입니다. 또한 "Do you have a minute to discuss something?"은 "Do you have a minute?"와 같이 짧게 줄여서 써도 좋습니다.

실전은 이렇게!

A Do you have a minute to discuss something?
B I would really love to hear your views on this, but I need to finish my current task. Can we talk about it when I'm finished?

A 실례지만 잠깐 시간 좀 내주실 수 있나요?
B 관련해서 의견을 여쭤 들어보고 싶지만, 제가 지금 하고 있는 게 있어서요. 끝내고 얘기해 볼까요?

UNIT 06

잘 모르겠는데요.

일상 표현

I don't know.
잘 모르겠는데요.

비즈니스 표현

I'm afraid I don't know the answer to that off the top of my head.
제가 지금 당장 머리에 답이 떠오르지는 않네요.

간단하게 "I don't know."라고 말해도 괜찮지만, 우리말로 "전 몰라요."라는 뜻이기 때문에 뉘앙스를 상상해 보면 어떤 느낌인지 짐작할 수 있습니다. 반면, "I'm afraid I don't know the answer to that off the top of my head."는 좀 더 공손하게 말하고 싶을 때 사용할 수 있습니다. 특히 면접을 볼 때, 그냥 모른다고 하는 것보다는 이렇게 말하고 답을 나중에 찾아 보겠다고 말하는 편이 더 낫겠지요. 'off the top of my head'는 '당장 내 머릿속에서', '지금 당장 딱 떠오르는'라는 뜻입니다.

실전은 이렇게!

A What is the average sales growth for our company over the past year?
B I'm afraid I don't know the answer to that off the top of my head. I'll need to look it up and get back to you.
A 우리 회사의 지난 1년간 평균 매출 성장률은 얼마인가요?
B 죄송합니다만 그 질문에 대한 답을 잘 모르겠습니다. 잠시만 찾아보고 알려 드리겠습니다.

UNIT 07 늦어서 죄송합니다.

일상 표현

Sorry, I'm late.
늦어서 죄송합니다.

비즈니스 표현

I apologize for keeping you waiting.
기다리게 해서 죄송합니다.

약속이나 미팅에 늦었을 때, 두 표현 모두 쓸 수 있지만, 격식 정도에 약간의 차이가 존재합니다. 지인과의 약속 시간에 늦었을 때처럼 캐주얼한 상황에서는 일반적으로 "Sorry, I'm late."를 쓰는 것이 더 자연스럽습니다. 일반적으로 'apologize'가 'sorry'보다 좀 더 격식 있는 느낌을 포함합니다. "I apologize for keeping you waiting."은 누군가를 기다리게 해서 미안한 마음을 좀 더 격식 있게 표현합니다. 예를 들어, 클라이언트와의 미팅에 늦거나, 전화를 받지 못해서 누군가를 기다리게 했던 경우, 이 표현을 사용할 수 있습니다.

실전은 이렇게!

A   I apologize for keeping you waiting. Thank you for your patience.
B   No problem, I understand.

A   기다리게 해서 죄송합니다. 기다려 주셔서 감사합니다.
B   괜찮습니다, 이해합니다.

UNIT 08

오늘 몸이 좀 안 좋네요.

일상 표현

I'm sick today.
오늘 몸이 좀 안 좋네요.

비즈니스 표현

I'm not feeling very well today.
오늘 몸이 좀 안 좋네요.

"I'm sick today."는 간단히 "오늘 몸이 아프다."라고 말할 때 쓸 수 있습니다. 이는 상황에 따라 캐주얼한 느낌을 줄 수 있는 반면, "I'm not feeling very well today."는 좀 더 격식 있는 상황에서 사용할 수 있습니다.

두 표현 모두 감기 걸렸을 때, 피곤할 때, 스트레스를 받을 때, 또는 그저 기분이 좋지 않을 때 모두 사용할 수 있습니다. "I'm feeling unwell today."도 같은 의미로, 격식, 비격식 상황에 모두 사용할 수 있습니다.

실전은 이렇게!

A Are you feeling okay? You look a little tired.
B I'm feeling unwell today and may need to take a sick day.
A 괜찮아? 조금 지쳐 보이는 것 같은데.
B 오늘 몸 상태가 좋지 않아서 하루를 쉬어야 할 것 같아.

UNIT 09

할 일이 너무 많아요.

일상 표현

I have so much to do.
할 일이 너무 많아요.

비즈니스 표현

I don't have any capacity at the moment.
(할 일이 너무 많아서) 도저히 다른 일을 할 여력이 없어요.

"I don't have any capacity at the moment."는 누군가에게 도움을 요청을 받았을 때 너무 바빠서 도와줄 수 없거나, 자원에 여유가 없을 때 거절의 의미로 사용할 수 있습니다.

추가로 바쁘다는 것을 설득력 있게 전달할 때, "I'm booked out for the entire day.(오늘 하루 종일 바쁠 예정이에요.)"나 "I'm swamped with work.(일이 넘칠 만큼 많아요.)", "I'm so busy. I won't even have time for lunch.(너무 바빠서 점심을 먹을 시간도 없을 정도예요.)" 등과 같이 표현할 수 있습니다.

실전은 이렇게!

A Do you have a moment to discuss the project?
B I wish I could, but I don't have any capacity at the moment. Can we talk about this after I have finished what I am doing right now?

A 혹시 그 프로젝트에 대해 얘기할 시간 있으세요?
B 그럴 수 있으면 좋겠지만 지금은 여유가 없습니다. 지금 하고 있는 일을 마치고 나서 이야기해도 될까요?

UNIT 10

제가 떠나기 전에 해야 할 일이 더 있나요?

일상 표현

Is there anything else I need to do before I leave?
제가 떠나기 전에 해야 할 일이 더 있나요?

비즈니스 표현

Before I leave, is there anything else I should attend to?
제가 떠나기 전에 해야 할 일이 더 있나요?

두 표현 모두 퇴근, 반차, 출장 등으로 사무실 자리를 비워야 할 일이 생겼을 때 쓸 수 있는 표현들입니다. "Before I leave, is there anything else I should attend to?"는 보다 격식 있는 표현으로, 사무실을 떠나기 전에 미팅이나 할 일이 더 있는지 확인할 때 이 표현을 사용할 수 있습니다. 여기서 'attend to'는 '주의를 기울이다', '신경을 쓰다', '처리하다'라는 뜻으로 쓰입니다.

실전은 이렇게!

- **A** Before I leave, is there anything else I should attend to?
- **B** No, I think you're all set. I'll let you know if anything comes up.
- **A** 제가 떠나기 전에 해야 할 일이 더 있나요?
- **B** 아니요, 다 끝난 것 같네요. 혹시 일이 생기면 알려 드리겠습니다.

UNIT 11

이해가 안 가네요.

일상 표현

I don't get it.
이해가 안 가네요.

비즈니스 표현

I'm having trouble understanding this concept.
이 개념을 이해하는 데 어려움이 있습니다.

"이해가 잘 안됩니다."라고 말을 할 때, "I don't get it."은 직설적이고 간단한 표현이며, "I'm having trouble understanding this concept."는 좀 더 완곡하고 격식 있는 표현입니다.

두 표현 모두 어떤 것을 이해하지 못하고 있다는 것을 표현합니다. 설명하는 개념이나 업무 내용을 이해하지 못할 때, 또는 새로운 기술을 배우는 중에 이해하지 못하는 부분이 있을 때 이 표현을 사용할 수 있습니다. 이에 덧붙여서 어떤 도움이 필요한지 구체적으로 언급하면 상대방이 도움이 필요한 부분을 파악하고, 도움을 줄 수 있습니다.

실전은 이렇게!

A I'm having trouble understanding this concept in the report. Can you provide me with more details about this?
B Sure, I can explain it to you. Let me try to break it down for you in simpler terms.

A 보고서에서 이 개념을 이해하는 데 어려움을 겪고 있어요. 관련 세부 사항을 좀 말씀 주실래요?
B 물론이죠, 설명해 드릴게요. 더 간단한 용어로 설명해 보겠습니다.

UNIT 12

이거 너무 어려워요.

일상 표현

This is too hard.
이거 너무 어려워요.

비즈니스 표현

I'm finding this task to be quite challenging.
저에게 이 일이 좀 어렵게 느껴지네요.

두 표현 모두 업무를 하면서 어려움을 겪고 있을 때 쓸 수 있는 표현입니다. "This is too hard."는 직설적으로 "이거 너무 어려워요."라고 표현하는 반면, 좀 더 돌려서 격식 있는 표현을 하고 싶다면, "I'm finding this task to be quite challenging."을 사용하는 것이 좋습니다.

새로운 프로젝트를 시작하는 데 어려움을 겪을 때, 또는 새로운 기술을 배우는 데 어려움을 겪을 때 등 자신이 어려움을 겪고 있다는 것을 알리고, 도움을 요청하는 의미로 사용할 수 있습니다.

실전은 이렇게!

A I'm sorry, but I'm finding this task to be quite challenging. Can you offer me any guidance or support?

B Of course, let's work together to break down the task into smaller parts and find a solution that works for you.

A 죄송해요, 이 일을 할 때 꽤 어렵다는 느낌을 받고 있어요. 어떤 가이드나 지원을 받을 수 있을까요?

B 물론입니다. 함께 업무를 작은 부분들로 나누고 당신에게 맞는 해결책을 찾아봅시다.

UNIT 13

그건 안 될 것 같아요.

That's not going to work.
그건 안 될 것 같아요.

I'm afraid that's not possible.
죄송하지만 그건 안 될 것 같습니다.

이 표현은 상대방의 요청 또는 제안을 받아들일 수 없다는 것을 알리고, 이해해 달라는 의미로 사용됩니다. 여기서 "That's not going to work."는 더 직설적인 표현입니다. 반드시 강하고 직설적으로 표현해야 하는 경우가 아니라면, 돌려서 말하는 것이 좋습니다. "I'm afraid that's not possible."은 좀 더 공손하고 격식을 차리는 표현입니다. 예를 들어, 상대방의 요청이나 제안을 받아들일 수 없을 때 이 표현을 사용하면서 그 이유를 함께 설명한다면 공손하고 격식 있게 들릴 수 있습니다.

실전은 이렇게!

A I'm afraid that's not possible. Unfortunately, we don't have the resources to make it happen at this time.

B I understand. Is there anything I can do to help?

A 죄송하지만 그건 안 될 것 같습니다. 안타깝게도, 현재 우리는 그것을 실현할 만큼의 자원이 없습니다.

B 이해합니다. 제가 도울 수 있는 게 있나요?

UNIT 14

이 절차 때문에 미치겠네요.

일상 표현

This process is driving me crazy.
이 절차 때문에 미치겠네요.

비즈니스 표현

I am experiencing some frustration with this process.
이 과정에 약간의 답답함을 느끼고 있습니다.

두 표현 모두 어떠한 절차나 상황에 대한 불만족이나 당황스러움을 표현하는 데 사용될 수 있습니다. "This process is driving me crazy."는 다소 직설적이고 간단한 표현입니다. "I am experiencing some frustration with this process."는 좀 더 격식을 차린 표현입니다. 추가로, "I am feeling a little frustrated with this process.(이 과정에서 약간의 답답함을 느끼고 있습니다.)"나 "I am finding this process to be quite frustrating.(이 과정이 좀 답답하네요.)"라고도 격식 있게 표현할 수 있습니다.

실전은 이렇게!

A I am experiencing some frustration with this process.
B I'm sorry to hear that. Can you tell me more about what's causing the frustration? Maybe we can work together to find a solution.

A 이 과정에서 약간의 답답함을 느끼고 있어요.
B 안타깝네요. 무엇이 답답함을 일으키는지 더 자세히 얘기해 주실 수 있나요? 함께 해결책을 찾아보는 게 좋겠네요.

UNIT 15 쉽게 설명해 주시겠어요?

일상 표현

Can you dumb it down for me?
쉽게 설명해 주시겠어요?

비즈니스 표현

Can you explain it to me in simpler terms?
좀 더 간단한 용어로 설명해 주실 수 있나요?

두 표현은 의미하는 바는 같지만, 'dumb it down(쉽게 설명하다)'은 캐주얼한 표현이며, 좀 더 격식을 갖추어 말할 때는 "Can you explain it to me in simpler terms?"라고 말할 수 있습니다. 두 표현은 상대방에게 좀 더 쉽게 설명해 달라고 부탁할 때 사용할 수 있습니다.

실전은 이렇게!

A I'm having trouble understanding this concept. Can someone explain it to me in simpler terms?
B Sure, let me try to break it down and explain it in a way that makes sense to you.

A 이 개념을 이해하는 게 어려워요. 누군가 쉽게 설명해 줄 수 있을까요?
B 물론입니다. 부분으로 나눠 이해하기 쉽게 설명해 드릴게요.

UNIT 16 조용히 해 주세요.

일상 표현

Can you be quiet, please?
조용히 해 주세요.

비즈니스 표현

Can we please keep the noise level down?
소음을 조금 줄여 주세요.

주변이 소란스러울 때 조용히 해 달라는 요청의 표현입니다. 예를 들어, 통화를 하고 있는데 누군가 옆에서 시끄럽게 떠들거나 회의 중에 밖에서 소란스러운 소리가 들릴 때 이 문장을 사용할 수 있습니다. "Can we please keep the noise level down?"는 보다 격식 있는 표현으로, 직접적으로 조용히 하라고 하는 것이 아니라 소리를 줄여 달라고 간접적으로 요청하는 것입니다. 반면, "Can you be quiet, please?"는 특정인에게 직접적으로 요청하는 표현입니다.

실전은 이렇게!

A Can we please keep the noise level down? I'm on an important call and I don't want to be disturbed.

B Sorry about that. We'll try to keep it down.

A 소음을 조금 줄여 주세요. 중요한 전화를 받고 있어서 방해 받으면 안 되거든요.

B 죄송합니다. 조용히 하겠습니다.

UNIT 17

이것 좀 도와주시겠어요?

일상 표현

Can you help me?
이것 좀 도와주시겠어요?

비즈니스 표현

Can you assist me with something?
이것 좀 도와주시겠어요?

누군가에게 도움을 요청할 때 "Can you help me?"라고 간단하게 말을 해도 좋지만, "Can you assist me with something?"이 좀 더 격식을 갖춘 표현입니다. 따라서 일상 생활보다는 비즈니스 상황에 더욱 어울리는 표현이라 할 수 있습니다.

캐주얼하거나 공식적인 자리에서 모두 사용할 수 있는 공손한 표현들로는, "Could you help me with something?(이것 좀 도와주시겠어요?)", "Could you please help me?(좀 도와주실 수 있나요?)"도 있습니다.

실전은 이렇게!

A Can you assist me with something?
B Sure, what do you need assistance with?

A 좀 도와주실 수 있을까요?
B 네, 어떤 도움이 필요하신가요?

UNIT 18

그럴 시간이 없습니다.

일상 표현

I don't have time for that.
그럴 시간이 없습니다.

비즈니스 표현

I currently have other commitments that require my attention.
지금은 해야 할 다른 일이 있어서 집중해야 합니다.

어떤 일을 요청을 받았는데 도와줄 수 없을 때 사용할 수 있는 표현들입니다. "I don't have time for that."는 매우 직설적인 표현으로, 상황에 따라 무례하게 들릴 수 있기 때문에 말하는 톤에 주의하는 것이 좋습니다. 반면 "I currently have other commitments that require my attention."는 좀 더 간접적이고 공손한 뉘앙스를 줄 수 있습니다. 여기서 'commitment'는 '해야만 하는 일이나 프로젝트'를 의미합니다.

실전은 이렇게!

A Do you want to join our committee and help plan the next company event?

B Thank you for thinking of me. I would love to, but I currently have other commitments that require my attention.

A 우리 위원회에 가입하고 다음 회사 행사를 계획하는 데 도움을 줄 수 있겠어요?

B 저를 생각해 주신 것에 감사드립니다. 저도 참여하고 싶지만, 지금은 해야 할 다른 일이 있어서 집중해야 합니다.

UNIT 19

나중에 다시 얘기해도 될까요?

일상 표현

Can we chat about this later?
나중에 다시 얘기해도 될까요?

비즈니스 표현

Can we discuss this later?
나중에 논의해도 괜찮을까요?

굳이 격식을 따지지 않는 상황에서는 "Can we chat about this later?" 또는 "Can we talk about this later?"라고 말을 해도 자연스럽습니다. 그러나 좀 더 격식을 갖추고 공손하게 말을 해야 하는 상황이라면 "Can we discuss this later?"라고 표현할 수 있습니다. 이는 현재 더 자세히 논의할 시간이 없지만, 나중에 더 신중하게 논의할 시간을 갖고 이야기하고 싶어 하는 의사를 표현하는 공손한 문장입니다. 이와 같이, 동사 chat보다 discuss를 쓰면 더 격식을 차린 것처럼 들립니다.

실전은 이렇게!

A Can we discuss this later when we have more time to give it the attention it deserves?
B Of course, I understand. It seems like we have a lot on our plates* right now.

A 나중에 더 신중하게 논의할 시간이 있을 때 말할 수 있을까요?
B 물론이죠, 이해해요. 우리가 지금 너무 많은 일을 처리하고 있는 것 같아요.

* 'a lot on our plates'는 '할 일이 많다'라는 뜻의 이디엄입니다. 이 표현은 주로 할 일이 많아서 바쁠 때 사용됩니다. 예를 들어, "I have a lot on my plate right now."라고 말하면, "지금 할 일이 많아서 바쁘다."라는 뜻입니다.

UNIT 20

대화해 주셔서 감사합니다.

일상 표현

Thanks for chatting with me.
대화해 주셔서 감사합니다.

비즈니스 표현

Thank you for your time.
시간을 내 주셔서 감사합니다.

"Thanks for chatting with me."는 다소 캐주얼한 표현이며, "Thank you for your time."은 좀 더 공식적인 표현으로, 격식을 갖추어 말하고 싶을 때 사용할 수 있습니다. "Thank you for your time."은 누군가가 시간을 할애해 준 것에 대해 감사하는 마음을 표현합니다. 예를 들어, 나의 질문에 정성스럽게 대답을 해 주거나 도움에 응해 주었을 때 감사하는 마음을 표현할 수 있습니다.

실전은 이렇게!

A Thank you for your time and consideration.
B Of course, it was my pleasure. I'm looking forward to hearing back from you.

A 시간을 내 주셔서 감사합니다.
B 물론이죠, 저도 기쁩니다. 회신을 기다리겠습니다.

UNIT 21

다음 주에 봅시다.

일상 표현

Let's meet next week.
다음 주에 봅시다.

비즈니스 표현

Please let me know your availability for a meeting next week.
다음 주에 회의할 수 있는 시간대를 알려 주세요.

"Let's meet next week."은 상대방에게 만남이나 대화를 제안하는 문장이지만 다소 일방적일 수 있기 때문에, 상황에 따라서는 상대방의 시간을 존중하지 않는 것처럼 느껴질 수 있습니다. 반면 "Please let me know your availability for a meeting next week."는 다음 주에 회의를 잡고 싶은 사람이 상대방에게 가능한 시간대를 알려 달라고 요청하는 문장입니다. 이 표현은 가능한 시간이 언제인지를 묻는 표현으로, 상대방의 시간을 존중하면서도 회의를 제안하는 사람의 의사(다음 주에 만납시다)가 더 분명하게 표현되어 있습니다.

실전은 이렇게!

A We need to go over the quarterly sales report. Please let me know your availability for a meeting next week.
B I'm available for a meeting next Tuesday. Could you provide some more information about the agenda?

A (상사에게) 분기별 매출 보고를 검토해야 합니다. 다음 주에 회의할 수 있는 시간대를 알려 주십시오.
B 다음 주 화요일에 회의 가능합니다. 안건(어젠다)에 대한 추가 정보를 알려 주실래요?

UNIT 22

더 이상 새로운 생각이 안 떠올라요.

일상 표현

I'm out of ideas.
더 이상 새로운 생각이 안 떠올라요.

비즈니스 표현

I haven't got anything else to add, but I'll carry on thinking.
더 이상 추가할 내용이 없지만, 계속 생각해 보겠습니다.

두 표현 모두 여러 명이 서로 돌아가며 생각을 공유하는 상황에서, 자신의 차례가 왔을 때 사용할 수 있습니다. 더 이상 생각이 나지 않는다는 의미로 "I'm out of ideas."는 직접적이고 캐주얼한 표현입니다. "I haven't got anything else to add, but I'll carry on thinking."은 더 이상 추가할 내용이 없지만, 계속해서 생각하고 있다는 의지를 전달합니다. 이와 같은 다른 공손한 표현으로는, "To be honest, I'm still thinking. Could you come back to me please?(사실, 아직 생각하는 중입니다. 조금 이따 다시 물어봐 주실래요?)"라고 할 수도 있습니다.

실전은 이렇게!

A Does anyone have any suggestions for how we can move forward?
B I haven't got anything else to add, but I'll carry on thinking.

A 우리가 어떻게 나아갈 수 있을지 추가 아이디어가 있는 분 있나요?
B 지금은 더 이상 추가할 내용이 없지만, 계속 생각해 보겠습니다.

UNIT 23

오늘 저녁 같이 먹어요.

일상 표현
Let's have dinner tonight.
오늘 저녁 같이 먹어요.

비즈니스 표현
Would you like to join us for dinner tonight?
오늘 저녁 저희와 함께 드실래요?

두 표현 모두 저녁 식사 자리를 제안하는 범용적인 표현입니다. "Let's have dinner tonight."은 더 직접적으로 제안하는 문장으로, 상황에 따라서는 상대방이 저녁을 함께 먹고 싶지 않더라도 거절하기가 어려울 수 있습니다. 반면, "Would you like to join us for dinner tonight?"은 조금 더 공손하고 격식을 차리는 표현입니다. 이와 같은 표현으로 "Do you want to have dinner with us?(저희와 저녁 드실래요?)"를 사용할 수도 있습니다. 이러한 표현은 상대방에게 선택권을 주는 문장으로, 상대방이 저녁을 함께 먹고 싶지 않다면 거절하기가 더 쉽습니다.

실전은 이렇게!

A Would you like to join us for dinner tonight?
B I appreciate the invitation, but I already have plans.

A 오늘 저녁 저희와 함께 드실래요?
B 초대해 주셔서 감사합니다만, 저는 이미 약속이 있습니다.

UNIT 24

어디 앉고 싶으세요?

일상 표현

Where do you want to sit?
어디 앉고 싶으세요?

비즈니스 표현

Do you have a preference for where we sit?
선호하시는 자리가 있으세요?

지정석이 아닌 컨퍼런스, 레스토랑 등을 누군가와 함께 방문했을 때, 앉고 싶어 하는 자리가 있는지 물을 때 쓸 수 있는 표현입니다. 두 표현 모두 같은 의미이지만, 격식을 차려야 하는 상황이라면 "Do you have a preference for where we sit?"이라고 묻는 것이 더 공손하고 배려하는 것처럼 들립니다. 상대방에게 앉을 곳을 선택할 수 있는 권한을 주는 공손한 표현입니다.

실전은 이렇게!

A Do you have a preference for where we sit?
B Not particularly, but I like sitting by the window. It's nice to have some natural light.

A 특별히 선호하시는 자리가 있으신가요?
B 특별한 건 없지만, 창가 자리를 좋아해요. 자연광이 들어서 좋습니다.

UNIT 25

식사를 대접해 주셔서 감사합니다.

일상 표현

Thanks for taking me out to eat.
식사를 대접해 주셔서 감사합니다.

비즈니스 표현

I really enjoyed the opportunity to have dinner with you and get to know you better.
저녁 식사를 하면서 당신에 대해 더 잘 알게 되어 기쁩니다.

식사를 대접받았을 때, 상대방에게 감사를 나타내는 표현들입니다. 격식을 차려서 말을 해야 하는 상황이라면, "I really enjoyed the opportunity to have dinner with you and get to know you better."라고 말하는 것이 더 공손하게 느껴지며, 이는 저녁 자리를 통해, 상대방을 더 잘 알게 되어 좋았다는 것을 표현하는 문장입니다. 비즈니스에 대한 기대감을 표현하는 문장을 덧붙여 주는 것도 좋은데요. 그럴 때는, "I'm really excited to see how the project develops.(이 프로젝트가 어떻게 진행될지 정말 기대가 됩니다.)"와 같은 문장을 추가할 수 있습니다.

실전은 이렇게!

A I really enjoyed the opportunity to have dinner with you and get to know you better.
B I'm glad you enjoyed dinner. I'm looking forward to working with you on the project.

A 저녁 식사를 하면서 당신을 더 잘 알게 된 기회를 정말 즐겼습니다.
B 식사가 마음에 드셨다니 다행입니다. 프로젝트를 함께 진행하는 것이 기대가 됩니다.

UNIT 26

오늘 집중이 잘 안 되네요.

일상 표현

I'm so distracted today.
오늘 집중이 잘 안 되네요. (오늘 많이 산만하네요.)

비즈니스 표현

I'm struggling to maintain my focus today.
오늘 집중이 잘 안 되네요.

두 표현 모두 공식적인 자리보다는 동료들 사이에서 쓸 수 있는 말입니다. 이 표현들은 일의 능률이 오르지 않을 때나 일을 하다가 갑자기 실수를 했을 때 변명처럼 사용할 수도 있습니다. 추가로, 너무 부정적인 느낌만 주지 않도록, '그래서 어떻게 할 건지'에 대한 내용을 추가하는 것도 좋습니다. "I'm going to take a walk outside to get some fresh air.(나가서 바람 좀 쐬고 와야겠어요.)", "I'm going to take some breaks to clear my head and come back to this later.(잠시 쉬면서 머리 좀 맑게 하고 다시 돌아와야겠어요.)" 같은 문장을 덧붙일 수 있습니다.

실전은 이렇게!

A Is everything okay?
B I'm struggling to maintain my focus today. I have a lot on my mind.

A 괜찮아요?
B 오늘 집중이 잘 안 되네요. 머릿속에 생각이 많아서요.

UNIT 27

저는 술 마시는 것을 좋아해요.

일상표현

I like to drink.
저는 술 마시는 것을 좋아해요.

비즈니스 표현

I enjoy having a drink.
저는 술 마시는 것을 좋아해요.

비즈니스 환경에서 술에 대해 말할 때는 듣는 사람의 배경이나 문화에 따라 주의를 하는 것이 좋습니다. 너무 술을 마시는 것에 집착하는 것처럼 보이지 않도록 말하는 것이 중요합니다. "I enjoy having a drink.(한잔 걸치는 것을 즐깁니다.)", "I enjoy a glass of wine with friends on weekends.(주말에 친구들과 와인 한잔하는 것을 좋아해요.)", "I like to go out to bars with my friends on weekends.(주말에 친구들과 바에 가는 것을 좋아해요.)" 등 취미처럼 즐긴다고 말하는 것이 무난합니다. 또는 "I appreciate good wines.(좋은 와인을 즐깁니다.)" 또는 "I'm a whisky lover.(위스키를 좋아합니다.)"라고 특정 술에 대해 말하는 것도 좋습니다.

실전은 이렇게!

A So, what do you like to do in your free time?
B I enjoy having a drink with my friends. We often get together and share a glass of wine or a beer.

A 그래서, 여가 시간에는 무엇을 하는 것을 좋아하시나요?
B 친구들과 술을 마시는 것을 좋아합니다. 종종 모여서 와인이나 맥주를 마십니다.

UNIT 28

이 제품은 훌륭합니다.

일상 표현
This product is awesome.
이 제품은 훌륭합니다.

비즈니스 표현
This product is exceptional.
이 제품은 탁월합니다.

두 표현 모두 어떠한 제품을 칭찬할 때 쓸 수 있지만, 일반적으로 awesome(놀라운, 대단한, 멋진)은 exceptional(특별한, 비범한, 탁월한)보다 더 직접적이고 캐주얼한 느낌을 줍니다. 따라서 "This product is exceptional."은 제품이 매우 훌륭하고 다른 제품과 비교할 수 없을 정도로 훌륭하다는 것을 의미합니다. 이는 더 구체적이며 프로페셔널한 느낌을 주는 단어입니다. 이 외에도, 놀라움의 강도가 조금 약하지만 excellent, great, good 등을 사용하여 표현할 수도 있습니다.

실전은 이렇게!

A Have you had a chance to try out our new product yet?
B Yes, and I have to say, this product is exceptional. You really outperformed yourselves.

A 저희 새 제품을 혹시 사용해 보신 적이 있나요?
B 네, 이 제품은 탁월하다고 말할 수밖에 없어요. 정말 잘 만들었네요.

UNIT 29

분명히 마음에 드실 거예요.

일상 표현

I'm sure you will like it.
분명히 마음에 드실 거예요.

비즈니스 표현

I believe this product will meet your needs.
이 제품이 귀하의 요구 사항을 충족할 것이라고 믿습니다.

두 표현 모두 제품에 대한 확신을 표현하지만, "I'm sure you will like it."은 구체적이지 않고 제품에 대한 개인적인 의견으로 느껴질 수 있습니다. 이는 비격식적인 표현으로, 일상적인 대화에서 자주 사용되는 표현입니다. 반면, "I believe this product will meet your needs."는 제품이 고객의 요구 사항을 충족할 것이라는 점에서 좀 더 객관적으로 느껴질 수 있습니다. 따라서 후자가 좀 더 구체적이고 비즈니스에 특화된 표현입니다.

실전은 이렇게!

A I'm not sure whether I should purchase this product or not.
B Based on what you've told me about your requirements, I believe this product will meet your needs.

A 이 제품을 구매해야 할지 말지 잘 모르겠네요.
B 말씀해 주신 요구 사항을 바탕으로 볼 때, 이 제품이 귀하의 요구 사항을 충족할 것이라고 믿습니다.

UNIT 30 번호 좀 알려 주실래요?

일상 표현

Can I get your number?
번호 좀 알려 주실래요?

비즈니스 표현

May I have your contact information, please?
연락처 좀 주시겠어요?

두 표현 모두 번호나 연락처를 묻는 표현입니다. 참고로 직접 대면하는 네트워킹 상황에서는 연락처를 물어보는 것보다는 "Do you have a business card?(혹시 명함 있으세요?)"라고 물어보는 것이 더 일반적입니다. "May I have your contact information, please?"는 연락할 수 있는 정보(연락처)를 묻는 표현으로, 좀 더 형식적인 표현입니다. "Can I get your number?"는 다소 캐주얼하고 직접적인 상황에서 사용하는 표현입니다.

실전은 이렇게!

A May I have your contact information, please?
B Of course, let me write it down for you.

A 연락처를 알려 주시겠어요?
B 물론이죠, 제가 적어 드릴게요.

UNIT 31

혹시 링크드인 쓰시나요?

일상 표현

Do you have LinkedIn? Let's connect!
혹시 링크드인 쓰시나요? 연락하고 지냅시다!

비즈니스 표현

I've enjoyed talking with you. Can we connect on LinkedIn?
대화 즐거웠습니다. 우리 링크드인으로 서로 연락할까요?

앞선 예제에서와 같이, 직접 대면하는 네트워킹 상황에는 일반적으로 "Do you have a business card?(명함 있으세요?)"를 사용할 수 있지만, 경우에 따라 해외에서는 링크드인(LinkedIn, 한국의 리멤버와 비슷한 커리어 관련 네트워킹 플랫폼) 또는 해당 국가의 소통 앱에서 서로 연락처를 추가할 수도 있습니다. 이때, 갑자기 다가가서 링크드인을 묻는 것보다는, 스몰토크를 나누다가 물어보는 것이 자연스럽습니다. 또는 간단하게 "Have you got LinkedIn?(혹시 링크드인 있으세요?)"이라고 물어볼 수도 있습니다.

실전은 이렇게!

A: I've enjoyed talking with you, and I think it would be great to stay connected. Can we connect on LinkedIn?

B: Absolutely! I think that's a great idea. Let's connect on LinkedIn and keep in touch.

A: 말씀 나눠서 즐거웠고, 계속 연락할 수 있으면 좋을 것 같은데요. 링크드인 서로 추가할까요?

B: 물론이죠! 좋은 생각이네요. 링크드인 추가해서 계속 연락합시다.

UNIT 32

가능한 한 빨리 지불해 주시겠어요?

일상 표현

Can you please pay us ASAP?
가능한 한 빨리 지불해 주시겠어요?

비즈니스 표현

We would appreciate it if you could make the payment as soon as possible.
가능한 한 빠른 시일 내에 결제해 주시면 감사하겠습니다.

두 문장은 모두 지불을 독촉하는 표현이지만, "Can you please pay us ASAP?"는 다소 직접적인 표현이며, 약간의 압박감을 줄 수 있습니다. "We would appreciate it if you could make the payment as soon as possible."은 좀 더 우회적인 표현으로, 상대방에게 압박감을 주지 않아 관계를 유지해 나가는 데 있어서는 더 나을 수 있습니다.

• **ASAP(as soon as possible)** 가능한 한 빨리

실전은 이렇게!

A I wanted to discuss the outstanding* payment for the invoice we sent last week. We would appreciate it if you could make the payment as soon as possible.

B I apologize for the delay. I'll look into it right away and get back to you.

A 저는 지난주에 보낸 송장에 대한 미지급금을 논의하고 싶습니다. 가능한 한 빠른 시일 내에 결제해 주시면 감사하겠습니다.

B 지연에 대해 사과 드립니다. 바로 확인하고 연락 드리겠습니다.

* outstanding: 미수금의, 아직 지불하지 않은, 남아 있는

UNIT 33 저희는 충분한 돈이 없습니다.

일상 표현

We don't have enough money.
저희는 충분한 돈이 없습니다.

비즈니스 표현

I'm afraid we don't have the budget for that at this time.
아쉽지만, 지금은 그것을 감당할 수 있는 예산이 없습니다.

"We don't have enough money."는 매우 직설적인 표현으로, 비즈니스 상황에서 쓰면 다소 무례하게 들릴 수 있습니다. "I'm afraid we don't have the budget for that at this time."은 훨씬 더 정중하고 유연한 표현입니다. 예를 들어, 예산이 부족한 회사가 새로운 프로젝트를 진행할 수 없다고 말해야 한다면, "I'm afraid we don't have the budget for that at this time."이라고 말하는 것이 적절합니다. 이 표현은 직접적이지 않고 더 정중하게 상대방에게 프로젝트를 진행할 수 없는 이유를 설명할 수 있습니다.

> **실전은 이렇게!**
>
> A Hi, I just wanted to follow up on our conversation from earlier. Unfortunately, we don't have the budget for a new project at this time.
> B I understand. Thanks for letting me know.
>
> A 안녕하세요, 전에 나눈 대화와 관련해서 팔로업드립니다. 불행히도 지금은 새로운 프로젝트를 감당할 수 있는 예산이 없습니다.
> B 이해합니다. 알려 주셔서 감사합니다.

UNIT 34

정말 멋지네요!

일상 표현
That's sick!
정말 멋지네요!

비즈니스 표현
That's impressive!
정말 인상적이네요!

"That's sick!"은 격식을 차리지 않는 매우 캐주얼한 표현으로, 어떤 것이 놀랍거나 멋지다는 것을 표현할 때 사용합니다. 예를 들어, 친한 사람이 새로운 자동차를 샀을 때 "That's sick!"이라고 할 수 있습니다. "That's impressive!"는 더 정중한 표현으로 비즈니스 상황에서 사용하기에 더 적절합니다. impressive 대신 outstanding(탁월한, 눈에 띄는), remarkable(뛰어난, 특출난), excellent(우수한), amazing(놀라운, 멋진) 등의 단어를 사용할 수도 있습니다.

실전은 이렇게!

A That design is impressive.
B Thank you, we put a lot of effort into creating a visually appealing and memorable design.

A 디자인이 인상적입니다.
B 감사합니다, 시각적으로 매력적이고 기억에 남는 디자인을 만들려고 많은 노력을 기울였습니다.

UNIT 35
뭐 필요한 것 있으세요?

일상 표현

Do you need anything?
뭐 필요한 것 있으세요?

비즈니스 표현

What can I help you with?
제가 뭐 도와드릴 일이 있나요?

일을 하고 있는데 누군가 나의 자리로 와서 서성거린다면 "제가 뭐 해 드릴 일이 있을까요?"라고 물어볼 수 있습니다. 이때, 두 표현 모두 상대방이 무엇을 필요로 하는지 물어보는 데 사용할 수 있지만, "Do you need anything?"은 말하는 톤에 따라 직설적으로 느껴질 수 있습니다. "What can I help you with?"이 좀 더 공손하고 격식 있는 느낌을 줄 수 있습니다. 같은 의미의 공손한 표현으로는 "What can I do for you?(무엇을 해 드릴까요?)"라고 말할 수도 있습니다.

실전은 이렇게!

(박람회 부스에서 누군가가 다가온 상황)

A What can I help you with?
B I have some questions about the product you're offering. Can you tell me more about it?

A 제가 뭐 도와드릴 일이 있나요?
B 귀사의 제품에 대해 궁금한 점이 있어서 찾아왔습니다. 좀 더 자세한 설명을 해주실 수 있나요?

UNIT 36

저희를 믿어 주셔서 감사해요.

일상 표현

Thanks for trusting us.
저희를 믿어 주셔서 감사해요.

비즈니스 표현

Thank you for your trust in our company.
저희 회사를 신뢰해 주셔서 감사합니다.

두 표현 모두 상대방에게 신뢰해 줘서 감사하다는 뜻을 표현합니다. "Thanks for trusting us."는 비교적 캐주얼한 상황에서 상대방과의 관계가 더 가까울 때 사용됩니다. 반면, "Thank you for your trust in our company."는 좀 더 격식을 차린 표현으로, 상대방과의 관계가 더 공식적일 때 사용됩니다. 우리(us) 대신 우리 회사(our company)로 좀 더 공식적인 느낌을 줄 수 있습니다.

실전은 이렇게!

A I'm placing a large order with your company and I trust that you will deliver on time.
B Thank you for your trust in our company. We take pride in delivering quality products on time.

A 귀사에 대량 주문을 넣었습니다. 제때 배송해 주시기를 믿습니다.
B 저희 회사를 신뢰해 주셔서 감사합니다. 저희는 제시간에 품질 좋은 제품을 공급하는 것을 자랑합니다.

UNIT 37

끝내주네요!

일상 표현

That's crazy!
끝내주네요!

비즈니스 표현

That's a brilliant idea!
굉장한 아이디어네요!

두 표현 모두 어떤 아이디어나 행동이 훌륭하다는 말이지만, 격식의 측면에서 차이가 있습니다. 어떤 것이 매우 좋고 독창적일 때, 캐주얼한 상황에서는 "That's crazy!"라는 표현을 사용할 수 있습니다. 그러나 crazy는 문맥에 따라 긍정적 또는 부정적으로 모두 사용될 수 있는 비격식적인 표현이므로, 격식을 차리거나 공식적인 자리에서는 "That's a brilliant idea!"라고 하는 것이 좋습니다. "That's crazy!"는 주로 친구, 가족, 친한 동료와 같은 친밀한 관계에서 사용됩니다. 때에 따라서 아이디어를 비꼬는 의미로도 사용되므로 주의해야 합니다.

실전은 이렇게!

A That's a brilliant idea! It's so creative.
B Yes, it's a bit outside of the box, but we believe it has a lot of potential.

A 굉장한 아이디어네요! 정말 창의적이에요.
B 네, 틀에 박히지 않은 아이디어이긴 하지만, 우리는 그것이 많은 잠재력을 가지고 있다고 믿습니다.

UNIT 38

저 다음 주에 자리를 비울 예정이에요.

일상 표현

I'm not here next week.
저 다음 주에 자리를 비울 예정이에요.

비즈니스 표현

I'll be out of the office next week.
저 다음 주에 자리를 비울 예정이에요.

두 표현 모두 같은 의미이지만, "I'll be out of the office next week."는 좀 더 격식적이고 공식적인 표현입니다. 회사의 상사나 동료에게 다음 주에 자리에 없을 것임을 알릴 때 사용할 수 있습니다. 참고로, 자리를 비우는 것을 이메일로 설명할 때는 'out of the office'를 줄여서 'OOO'라고 쓰기도 합니다. "I'm not here next week."는 비격식적인 표현이며, 좀 더 캐주얼한 업무 환경이나 친밀한 관계에서 사용됩니다.

실전은 이렇게!

A I'll be out of the office next week.
B Okay, thanks for letting me know.

A 다음 주에 자리를 비울 예정입니다.
B 알겠습니다, 알려 주셔서 감사합니다.

UNIT 39

더 자세하게 말해 보세요.

일상 표현

Tell me more, please.
더 자세하게 말해 보세요.

비즈니스 표현

Can you elaborate on that, please?
좀 더 자세하게 말씀해 주시겠어요?

두 표현 모두 설명을 더 자세히 듣고 싶을 때 사용하는 표현입니다. "Can you elaborate on that, please?"는 더 공식적이고 격식을 차리는 표현인 반면, "Tell me more, please."는 보다 캐주얼하고 친근한 표현입니다. '정교한, 상세한, 상세히 설명하다'를 뜻하는 단어 elaborate은 tell보다 더 구체적이고 격식 있게 들립니다. 같은 의미의 격식을 차리는 표현으로 "Can you provide me with more details about this?(이것과 관련해서 세부 사항을 좀 더 말씀 주시겠어요?)"와 같이 물어볼 수도 있습니다.

실전은 이렇게!

A The sales report for last month looks off. Can you elaborate on that, please?
B Sure. The new product line's sales were lower than expected, possibly due to supply chain disruptions.

A 지난달의 판매 보고서가 이상해 보이네요. 좀 더 자세하게 말씀해 주시겠어요?
B 물론이죠. 새로운 제품 라인의 판매가 예상보다 낮았는데, 이는 공급망 중단 때문일 수 있습니다.

UNIT 40

불편을 끼쳐 드려 죄송합니다.

일상 표현

Sorry for the trouble.
불편을 끼쳐 드려 죄송합니다.

비즈니스 표현

I apologize for the inconvenience.
불편을 끼쳐 드려 죄송합니다.

두 표현은 모두 누군가에게 불편을 끼쳤다는 것을 사과하는 표현이지만, "I apologize for the inconvenience."는 격식적인 표현이고, "Sorry for the trouble."은 캐주얼한 표현입니다. "I apologize for the inconvenience."는 공식적인 자리나 고객을 상대할 때 사용할 수 있습니다. 이 표현은 고객에게 불편을 끼쳤을 때 자주 사용됩니다. "Sorry for the trouble."은 비교적 편한 관계에서 불편을 끼쳤을 때 사용될 수 있습니다.

실전은 이렇게!

A There was an error in the schedule. I apologize for the inconvenience.
B No worries, thank you for letting me know. We'll adjust our schedule accordingly.

A 일정에 오류가 있었습니다. 불편을 끼쳐 드려 죄송합니다.
B 괜찮습니다, 알려 주셔서 감사합니다. 저희 일정을 조정하겠습니다.

UNIT 41

다른 의견 있으신 분?

Any comments?
다른 의견 있으신 분?

Does anyone have any suggestions?
다른 의견 있으신 분 있어요?

둘 다 미팅이나 발표 자리 등에서 상대방의 추가 의견을 구하는 표현이지만, 두 표현은 격식의 측면에서 차이가 있습니다. "Any comments?"는 격식을 크게 따지지 않는 조직이나 친밀한 관계에서 사용됩니다. 이는 자연스러운 표현이지만, 경우에 따라서는 진지하게 받아들여지지 않을 수도 있습니다. "Does anyone have any suggestions?"는 좀 더 격식적인 표현이며, 주로 공식적인 상황에서 사용됩니다.

실전은 이렇게!

A I've been trying to figure out how to improve our sales numbers. Does anyone have any suggestions?
B I have a few ideas that we could try. How about exploring new marketing channels?
A 우리 판매 실적을 개선할 방법을 찾고 있었어요. 다른 의견 있으신 분 있어요?
B 실행해 볼 만한 아이디어가 몇 개 있는데요. 새로운 마케팅 채널을 탐색해 보면 어때요?

UNIT 42

함께 이 일을 해 봅시다.

일상 표현

Let's team up on this.
함께 이 일을 해 봅시다.

비즈니스 표현

We would like to propose a new business partnership.
새로운 비즈니스 파트너십 제안을 드리고자 합니다.

"Let's team up on this."는 비교적 캐주얼한 표현입니다. 예를 들어, 친한 동료와 함께 프로젝트를 진행할 때 "Let's team up on this!"라고 말할 수 있습니다. 이 표현은 프로젝트에 대한 협력을 제안하는 것이지만, 그 협력이 반드시 공식적일 필요는 없습니다. 반면, "We would like to propose a new business partnership."는 좀 더 격식적인 표현입니다. 이 표현은 주로 실제 기업 파트너십과 같은 공식적인 상황에서 사용됩니다.

실전은 이렇게!

A We have been working with your company for a while now and we're interested in expanding our partnership.

B That sounds great. We would love to propose a new business partnership and explore new opportunities.

A 당신의 회사와 지금까지 협력을 하면서, 우리는 파트너십을 확장하는 것에 관심이 있습니다.

B 좋은 아이디어네요. 우리는 새로운 비즈니스 파트너십을 제안하고 새로운 기회를 탐색하고 싶습니다.

UNIT 43

너무 많은 일을 해야 해서 미칠 것 같아요.

일상 표현

I'm freaking out about all the stuff I need to do.
너무 많은 일을 해야 해서 미칠 것 같아요.

비즈니스 표현

I am feeling a bit overwhelmed with my workload.
업무량이 많아서 부담감이 좀 많이 느껴져요.

위 표현들은 모두 업무량에 압도되어 있다는 것을 표현하는 말이지만, 두 표현은 격식의 측면에서 차이가 있습니다. 두 표현 모두 동료에게 업무량에 대해 불평하는 상황에서 사용될 수 있습니다. "I'm freaking out about all the stuff I need to do."는 좀 더 직접적이고 강한 표현입니다. 이 표현은 업무량에 압도되어 있고, 스트레스를 받고 있다는 것을 표현합니다. 반면, "I am feeling a bit overwhelmed with my workload."는 좀 더 우회적이며 격식을 차린 표현입니다.

실전은 이렇게!

A I am feeling a bit overwhelmed with my workload.
B That's understandable. Let's see if we can delegate some tasks or find ways to streamline your workload to make it more manageable.

A 업무량이 많아서 부담감이 좀 많이 느껴져요.
B 이해가 돼요. 일부 업무를 위임하거나 업무를 효율적으로 관리할 수 있는 방법을 찾아 봅시다.

UNIT 44

더 이상 못 참겠어요.

일상 표현

I'm fed up with it.
더 이상 못 참겠어요.

비즈니스 표현

I have reached my limit.
저의 인내심이 한계에 도달했습니다.

두 표현 모두 일을 하다가 도저히 참을 수 없는 상황이 왔을 때 사용할 수 있습니다. "I'm fed up with it."은 보다 직설적인 표현으로, 어떤 것에 대해 짜증이 나거나 화가 났다는 것을 표현합니다. 반면 "I have reached my limit."은 좀 더 간접적인 표현으로, 인내심이나 노력 등에 한계가 와서 더 이상 할 수 없다는 것을 표현합니다. 예를 들어, 누군가의 행동이나 말에 짜증이 났을 때 "I'm fed up with it."이라고 말할 수 있습니다. 반면, 업무량이 많아서 힘들다고 말할 때는 "I have reached my limit."이라고 말할 수 있습니다. 또는 압박감이나 스트레스가 심한 상황에서 "I'm overwhelmed."라고 말하거나, 캐주얼하게 "I'm done with it."이라고 말할 수도 있습니다.

실전은 이렇게!

A I have reached my limit with the constant delays in our project. This is impacting our progress.

B I understand your frustration. I have reached my limit too. Let's address this with the team immediately.

A 프로젝트의 지속적인 지연에 저의 인내심이 한계에 도달했어요. 이것이 우리의 진행에 영향을 미치고 있습니다.

B 답답하신 것을 이해합니다. 저도 인내심이 한계에 도달했어요. 팀과 함께 이 문제를 즉시 해결합시다.

UNIT 45 최선을 다해 보겠습니다.

일상 표현

I'll try my best.
최선을 다해 보겠습니다.

비즈니스 표현

I'll do my best to make sure everything goes well.
모든 일이 잘 되도록 최선을 다하겠습니다.

"I'll do my best to make sure everything goes well."은 최상의 결과를 얻기 위해 최선을 다하겠다는 것을 격식을 차리면서 구체적으로 말하는 표현인 반면, "I'll try my best."는 단순히 최선을 다하겠다는 것을 일반적으로 표현합니다. 이러한 표현은 단독으로 사용하는 것보다는 앞뒤에 설명을 덧붙이는 것이 자연스럽습니다. 예를 들어, 무리한 데드라인이나 요구 사항을 받았을 때, "It's definitely not the standard of practice, but …(일반적인 경우는 절대 아니지만, 그럼에도 ~)" 또는 "I can't guarantee anything, but …(보장드릴 수는 없지만, 그럼에도 ~)"와 같은 표현 뒤에 최선을 다해 보겠다고 말하면 더욱 완성도 있게 표현할 수 있습니다.

실전은 이렇게!

A I know this isn't the usual way of doing things, but I'll do my best to make sure everything goes well.

B Thank you. I trust you.

A 일반적으로 이런 식으로 진행을 하지는 않지만, 그래도 모든 일이 잘 되도록 최선을 다하겠습니다.

B 감사드립니다. 믿고 맡기겠습니다.

Chapter 2

협업

UNIT 01 이 일부터 처리합시다.

일상 표현

Let's do this first.
이 일부터 처리합시다.

비즈니스 표현

Let's prioritize this task.
이 일부터 우선순위로 처리합시다.

"Let's prioritize this task."와 "Let's do this first."는 모두 '이 작업을 우선적으로 처리하자'라는 뜻으로 사용되지만, "Let's do this first."는 단순히 작업을 먼저 처리한다는 의미입니다. 반면 "Let's prioritize this task."는 이 작업이 가장 중요하니 우선적으로 처리하자는 의미로 사용됩니다. 즉, 작업의 중요도나 급한 정도를 강조하고, 보다 격식 있는 표현입니다.

실전은 이렇게!

A We have several tasks on our plate. What should we focus on first?
B Let's prioritize this task. It has a significant impact on our project's success.

A 여러 가지 일이 많네요. 우선 무엇에 집중해야 할까요?
B 이 일부터 우선순위로 처리합시다. 우리 프로젝트의 성공에 중요한 영향을 미치거든요.

UNIT 02

최대한 빠른 시일 내에 송부해 주세요.

일상 표현

Please send that to me as soon as possible.
최대한 빠른 시일 내에 송부해 주세요.

비즈니스 표현

Can you kindly send it to me as soon as possible?
가능한 한 빠른 시일 내에 송부를 부탁드려도 될까요?

"Please send that to me as soon as possible."은 단순히 빨리 보내 달라는 것에 초점을 맞춘 표현입니다. 보다 상대를 배려하는 느낌을 주고 격식 있는 표현을 사용하고 싶을 때는 "Can you kindly send it to me as soon as possible?"을 사용하는 것이 좋습니다. 'as soon as possible'은 최대한 빨리라는 뜻으로, 'ASAP'로 줄여서 쓰기도 합니다. "Are you able to send it over to me now?(지금 송부해 주실 수 있나요?)" 또한 같은 의미로 쓸 수 있는 공손한 표현입니다.

실전은 이렇게!

A I've been waiting for that report. Can you kindly send it to me as soon as possible?

B Absolutely, I can send it to you right now. Can you confirm your email address for me?

A 그 보고서를 기다리는 중입니다. 최대한 빠른 시일 내에 송부를 부탁드려도 될까요?

B 물론이죠, 지금 바로 보내겠습니다. 이메일 주소를 다시 한번 확인해 주시겠어요?

UNIT 03 상관없어요.

일상 표현
I don't care.
상관없어요.

비즈니스 표현
I don't have a preference.
딱히 선호하는 것은 없어요.

어떤 결정을 내려야 하는 상황에서 "I don't care."은 특별히 의견을 내세우지 않고 무엇이든 괜찮다고 캐주얼하게 말할 때 사용할 수 있습니다. 하지만 격식 있는 자리에서는 자칫 무관심하고 무례하게 보일 수 있습니다. 대신 "I don't have a preference."라고 말하면 특정한 것에 대한 선호도가 없다는 의미를 보다 객관적으로 표현하며, 격식 있는 느낌을 줍니다.

실전은 이렇게!

A We need to decide on a venue for the upcoming conference. Do you have a preference?
B I don't have a preference. As long as it's easily accessible and has the necessary facilities, I'm good with any option.

A 우리는 다가오는 컨퍼런스 장소를 정해야 해요. 선호하는 곳이 있나요?
B 딱히 선호하는 곳은 없어요. 접근하기 쉽고 필요한 시설이 갖춰져 있으면 어떤 곳이든 괜찮아요.

UNIT 04 어떤 식으로 수정하기를 바라시나요?

일상 표현

How do you want us to change this?
어떤 식으로 수정하기를 바라시나요?

비즈니스 표현

Can you give us guidance on how you would like us to modify this?
어떻게 수정하길 원하시는지 가이드를 주시겠어요?

격식 있는 비즈니스 영어에서는 일반적이고 애매한 표현보다 구체적인 표현을 선호하는 경향이 있습니다. 따라서 보고서나 자료 등을 어떤 식으로 수정하기를 바라는지 물어볼 때 guidance(방향성, 가이드), modify(수정하다)와 같이 구체적인 단어를 사용하면 좋습니다.

"Can you give us guidance on how you would like us to modify this?"는 상대방에게 보다 정중한 태도로 구체적인 수정 사항을 물어보는 표현입니다. 캐주얼하고 일상적인 표현을 사용하고 싶을 때는 "How do you want us to change this?"를 사용할 수 있습니다.

실전은 이렇게!

A We appreciate the effort, but we believe there is definitely room for improvement in this area.

B Can you give us guidance on how you would like us to modify this? It would be very helpful if you could provide more specific feedback on what you would like to see improved.

A 노력해 주셔서 감사드리지만, 이 부분은 수정할 점이 좀 있는 것 같습니다.

B 어떻게 수정하길 원하시는지 가이드를 주시겠어요? 어떤 식으로 개선되기를 바라시는지 좀 더 구체적인 피드백을 주시면 많은 도움이 될 것 같습니다.

UNIT 05 결과물은 언제쯤 볼 수 있나요?

When can we see the result?
결과물은 언제쯤 볼 수 있나요?

Could you please give us an estimate of when we might expect to see the results?
언제쯤 결과물을 확인할 수 있는지 알려 주시겠어요?

두 표현 모두 "결과를 언제쯤 볼 수 있을지 예상하실 수 있나요?"라는 뜻이지만, "Could you please give us an estimate of when we might expect to see the results?"이 더 정중하고 격식 있는 표현입니다. 구체적으로 결과가 언제쯤 나올지 예상해 달라고 요청하는 표현입니다. 결과물을 언제쯤 볼 수 있는지를 물어볼 때는 독촉하는 듯한 느낌이 들지 않게 해야 하는데, 이때 'Could you please ~?(~를 해 주실 수 있을까요?)', 'expect to see the results(결과물을 보는 것을 기대하다)'와 같이 공손하고 완곡한 표현을 쓰는 것이 좋습니다.

실전은 이렇게!

A I was wondering if you could give us an estimate of when we might expect to see the results.
B We are currently in the process of analyzing the data. Based on our current progress, we anticipate that the results will be available by the end of next month.

A 언제쯤 결과물을 확인할 수 있는지 알려 주실 수 있을지 궁금합니다.
B 현재 데이터를 분석하는 작업 중입니다. 현재 진행 상황을 볼 때, 다음 달 말까지는 결과물이 나올 것이라고 예상합니다.

UNIT 06

혹시 그 보고서 읽어 보셨나요?

일상 표현

Did you see the report?
혹시 그 보고서 읽어 보셨나요?

비즈니스 표현

Have you had a chance to review the report?
혹시 보고서를 보실 기회가 있으셨을까요?

"Have you had a chance to review the report?"는 보고서를 검토했는지 여부를 묻는 정중하고 격식 있는 표현입니다. 반면, "Did you see the report?"는 직접적이고 일상적인 표현입니다. 상사나 동료에게 보고서나 이메일을 보낸 후, 확인했는지 물어볼 때는 독촉하는 느낌이 들지 않도록 완곡하게 말하는 것이 중요합니다. 직접적으로 묻기보다는 'Have you had a chance to ~?(~할 기회가 있으셨나요?)'처럼 돌려서 말하는 것이 좋습니다. 여기서 더 공손하게 물어보고 싶다면, 'I was wondering if ~(~인지 궁금합니다)'를 붙여서 "I was wondering if you had a chance to review the report.(보고서를 보실 기회가 있으셨는지 궁금합니다.)"로 표현해도 좋습니다.

실전은 이렇게!

A Have you had a chance to review the report?
B Yes, I have. Overall, it looks good, but there are a few areas that need improvement. Can we discuss these together?

A 혹시 보고서를 보실 기회가 있으셨을까요?
B 네, 검토했습니다. 전반적으로 좋아 보이지만 개선이 필요한 부분이 있습니다. 함께 논의해 볼까요?

UNIT 07

생각해 보겠습니다.

일상 표현

I will think about it.
생각해 보겠습니다.

비즈니스 표현

I will consider it.
고려해 보겠습니다.

상대방의 제안이나 요청을 신중하게 검토하겠다는 의사를 전달할 때는 think(생각하다)보다는 consider(고려하다)라는 동사를 사용하여 더 구체적인 느낌을 줄 수 있습니다. 이는 정중하고 신뢰할 만한 이미지를 남길 수 있습니다. 친한 사이에 식사 제안을 받는 것 같은 캐주얼한 상황에서는 "I will think about it."이 더 자연스러울 수 있습니다.

실전은 이렇게!

A We're thinking of implementing new project management software. What are your thoughts?

B I will consider it. It's important that the software aligns with our team's needs and integrates well with our current systems.

A 우리는 새로운 프로젝트 관리 소프트웨어를 구현하는 것을 고려하고 있습니다. 어떻게 생각하세요?

B 고려해 보겠습니다. 소프트웨어가 우리 팀 요구 사항과 맞고 현재 시스템과 잘 통합되는 것이 중요합니다.

UNIT 08

즉흥적으로 해 보시죠.

 일상 표현
Let's just wing it.
즉흥적으로 해 보시죠.

 **비즈니스 표현**
I suggest we take an improvised approach.
즉흥적인 방법을 취해 보는 것을 제안드립니다.

"I suggest we take an improvised approach."는 계획을 세우거나 준비를 하지 않고 즉흥적으로 어떤 것을 진행해 보자고 제안하는 표현으로, "Let's just wing it."보다 구체적이고 격식 있는 표현입니다. 보다 신중하고 의도적인 느낌을 줍니다. 'wing it'은 '즉흥적으로 하다'라는 뜻의 캐주얼한 표현입니다.

실전은 이렇게!

A I suggest we take an improvised approach.
B That could be a good way to approach this project. Let's give it a try and see how it works out.

A 즉흥적인 방법을 취해 보는 것을 제안드립니다.
B 이 프로젝트를 접근하는 좋은 방법이 될 수 있겠군요. 한번 시도해 보고 어떻게 되는지 보죠.

UNIT 09

내일까지 완성해 주세요.

일상 표현

Please finish this by tomorrow.
내일까지 완성해 주세요.

비즈니스 표현

Would it be possible for you to complete this task by tomorrow?
내일까지 이 작업을 완료해 주실 수 있을까요?

두 표현 모두 내일까지 작업을 완료해 달라는 뜻이지만, "Would it be possible for you to complete this task by tomorrow?"는 직접적이지 않게 상대방의 능력이나 상황을 고려하여 묻는 정중한 표현입니다. 반면, 보다 직접적이고 강한 표현을 하고 싶을 때는 "Please finish this by tomorrow."를 사용할 수 있습니다. 상대방을 고려해서 묻는 것이 아니라 요구하는 것에 가깝습니다.

실전은 이렇게!

A Would it be possible for you to complete this task by tomorrow?
B I'll do my best to make it happen, but I may need a little more time depending on the complexity of the task.

A 내일까지 이 작업을 완료해 주실 수 있을까요?
B 최대한 해 보겠지만, 작업의 복잡도에 따라 약간의 시간이 더 필요할 수도 있습니다.

UNIT 10

이 프로젝트에서 함께 일해서 즐거웠습니다.

일상 표현

I really enjoyed working on this project.
이 프로젝트에서 함께 일해서 즐거웠습니다.

비즈니스 표현

It was a pleasure working with you on this project.
이 프로젝트에서 함께 일해서 즐거웠습니다.

프로젝트가 완료되었거나 직장을 옮길 때, 동료나 클라이언트에게 함께 일을 해서 즐거웠다는 감사의 뜻을 표현할 수 있습니다. 이때 "It was a pleasure working with you on this project."는 보다 정중하고 예의 바른 표현이며, 공식적으로 상대방의 업무에 대한 감사를 표현할 때 사용합니다. 한편, "I really enjoyed working on this project."는 보다 일상적이고 개인적인 표현입니다. 덜 격식적인 자리에서 감사를 표현할 때 사용합니다.

실전은 이렇게!

A It was a pleasure working with you on this project. Please let me know if you have any questions or concerns.

B Thank you, it was great working with you too. I don't have any questions right now, but I'll let you know if anything comes up.

A 이 프로젝트에서 함께 일해서 즐거웠습니다. 궁금한 점이나 문의 사항은 언제든지 말씀해 주세요.

B 감사합니다, 저도 좋은 경험이었습니다. 지금은 궁금한 점이 없지만, 생긴다면 말씀드릴게요.

UNIT 11

급하지 않아요.

일상 표현

No rush at all.
급하지 않아요.

비즈니스 표현

Whenever you get a chance
시간이 될 때

"No rush at all."은 서두를 필요가 없다는 느낌을 강하게 주는 캐주얼한 표현입니다. "전혀 급하지 않으니, 천천히 하세요."라는 의미로, 친구 또는 친한 동료 사이에 자주 쓰이고 상대방에게 부담을 주고 싶지 않을 때 적합합니다. 반면에 'Whenever you get a chance'는 조금 더 중립적이고 정중한 표현입니다. '시간이 날 때', '가능할 때'라는 뜻으로, 상대방에게 부담을 주지 않으면서도 적당히 빨리 처리해 주길 기대하는 뉘앙스를 줍니다. 예를 들어, "Please review this whenever you get a chance."라고 하면 상대방이 바쁜 상황이라도 시간 나는 대로 빠르게 검토해 달라는 의미입니다.

실전은 이렇게!

A Please send me the updated contract when you get a chance.
B No problem, I'll get it to you later today.

A 시간이 될 때 업데이트된 계약서를 보내 주세요.
B 네, 물론이죠. 금일 중으로 보내 드릴게요.

UNIT 12

처음부터 다시 시작합시다.

일상 표현

Let's start over.
처음부터 다시 시작합시다.

비즈니스 표현

Let's revisit our approach.
처음부터 다시 시작합시다.

"Let's start over."은 직설적으로 특정 작업이나 논의를 처음부터 다시 시작하자고 말하는 표현입니다. 일반적으로 사용될 수 있습니다. 또는 이디엄을 사용하여, "Let's go back to square one.(처음으로 되돌아가자.)"이라고도 할 수 있습니다.

반면, "Let's revisit our approach."라고 하면 현재 진행 중인 방향이나 전략을 재검토하자는 뜻으로, 보다 부드럽고 협력적인 어조입니다. 무엇이 잘못되었는지 점검하고 조정해 보자는 제안에 가깝기 때문에, 팀워크를 유지하면서 의견을 제시할 때 효과적입니다.

실전은 이렇게!

A Things aren't really moving in the direction we expected.
B Yeah, I agree. Let's revisit our approach and see where we can make improvements.

A 저희가 예상했던 방향대로 가고 있지가 않습니다.
B 네, 그러네요. 접근 방식을 다시 검토하고 개선하는 것이 좋겠습니다.

UNIT 13

그 문제에 대해 좀 더 말씀해 주시겠어요?

Can you tell me more about this issue?
그 문제에 대해 좀 더 말씀해 주시겠어요?

Can you provide me with more details about this issue?
그 문제에 대해 세부 정보를 더 말씀해 주시겠어요?

두 표현 모두 "이 문제에 대해 더 자세히 알려 줄 수 있나요?"라는 뜻이며, "Can you provide me with more details about this issue?"는 보다 구체적이고 정중한 격식 있는 표현입니다. provide는 '제공하다'라는 뜻으로, 단순히 tell보다 정보를 제공해 달라는 요청을 구체화하는 동사입니다. 한편, "Can you tell me more about this issue?"는 보다 일상적이고 직접적인 표현입니다.

실전은 이렇게!

A Can you provide me with more details about this issue?
B Sure, what would you like to know?

A 그 문제에 대해 세부 정보를 더 말씀해 주시겠어요?
B 네, 어떤 점이 궁금하세요?

UNIT 14

저를 도와주셔서 감사합니다.

일상 표현

Thanks for helping me.
저를 도와주셔서 감사합니다.

비즈니스 표현

Thank you for your time and cooperation.
시간 내 주시고 협조해 주셔서 감사합니다.

두 표현 모두 상대방에게 도움을 준 것에 대한 감사를 표현할 때 사용할 수 있습니다. "Thanks for helping me."는 도움을 받았을 때 감사함을 표현할 수 있는 간단한 표현이며, 이를 격식 있고 프로페셔널하게 표현하고 싶다면 구체적으로 상대방의 시간(time)과 협조(cooperation)에 감사를 표현할 수 있습니다. "Thank you for your time and cooperation."이라고 구체적이고 정중하게 말할 수 있습니다.

실전은 이렇게!

A Thank you for your time and cooperation today.
B Of course, it's no problem at all.

A 오늘 시간 내 주시고 협조해 주셔서 감사합니다.
B 물론이죠.

UNIT 15

걱정 마세요, 제가 처리할게요.

일상 표현

I got it, don't worry.
걱정 마세요, 제가 처리할게요.

비즈니스 표현

I'll take care of it.
제가 처리하도록 하겠습니다.

두 표현 모두 어떤 일이 발생했을 때 자진해서 처리하고자 할 경우에 쓸 수 있는 표현입니다. "I got it, don't worry."는 보다 일반적이고 캐주얼한 표현으로, 일상이나 직접적인 상황에서 사용합니다. 반면, "I'll take care of it."은 상대방의 부탁이나 요청을 진심으로 받아들이고 처리하겠다는 의사를 표현하고, 보다 격식 있게 느껴지는 표현입니다.

실전은 이렇게!

A I'll take care of it.
B Thank you, I appreciate it.
A No problem, it's my pleasure to help.

A 제가 처리하겠습니다.
B 감사합니다.
A 물론이죠, 도움을 드리게 되어 기쁩니다.

UNIT 16

함께 일하게 될 것이 기대됩니다.

일상 표현

I can't wait to work with you!
함께 일하게 될 것이 기대됩니다.

비즈니스 표현

I'm looking forward to working with you.
함께 일하게 될 날을 기대하고 있습니다.

새로운 일을 함께 하게 될 동료나 새로 입사 예정인 직원에게 앞으로의 협업이 기대된다는 인사를 할 때 쓸 수 있는 표현입니다. 무엇인가에 대한 기대감을 나타낼 때에는 'Can't wait to ~(~를 기다릴 수 없다/기대된다)'와 'look forward to ~(~할 것이 기대된다/기다려진다)'를 쓸 수 있고, 두 표현 모두 상대방과의 협업을 진지하게 기대하고 있음을 표현할 수 있습니다. 둘 중에는 'look forward to ~'가 더 격식 있는 표현으로 느껴집니다.

실전은 이렇게!

A I'm looking forward to working with you.
B Same here. It's going to be a great collaboration.

A 함께 일하게 될 날을 기대하고 있습니다.
B 저도 마찬가지입니다. 좋은 협업이 될 것 같아요.

UNIT 17

이 제안서 때문에 걱정돼요.

일상 표현

I'm not sure about this proposal.
이 제안서 때문에 걱정돼요.

비즈니스 표현

I have some concerns about this proposal.
이 제안서에 대한 몇 가지 우려가 있습니다.

제안서 등 무언가에 대한 우려를 표현하는 두 방식 중, "I have some concerns about this proposal."은 보다 구체적이고 격식 있는 표현입니다. concern은 '우려'라는 뜻을 가진 표현으로, 어떤 것에 대한 구체적인 우려를 표하는 단어입니다. 따라서 'be not sure about ~(~에 대해 확신이 없다)'이라는 표현보다는 'have some concerns about ~(~에 대해 우려가 있다)'을 쓰는 것이 더 구체적이고 프로페셔널하게 들립니다.

실전은 이렇게!

A I appreciate the effort put into the proposal, but I have some concerns about the budget.
B I understand your concerns. Let's go over the budget and see if there are any areas where we can make adjustments to address your concerns.

A 제안서를 작성해 주셔서 감사합니다만, 예산에 대한 몇 가지 우려가 있습니다.
B 걱정을 이해합니다. 예산 부분을 다시 한번 검토하고 우려하시는 부분을 해결하기 위해 조정할 부분이 있는지 살펴보겠습니다.

UNIT 18 기한이 언제까지예요?

일상 표현

When is the due?
기한이 언제까지예요?

비즈니스 표현

When is the deadline for this project?
이 프로젝트 마감일이 언제인가요?

"When is the deadline for this project?"는 보다 정중하고 격식을 차리는 표현입니다. deadline은 '마감일'이라는 뜻을 가진 표현으로, 프로젝트의 마감일을 구체적으로 묻는 표현입니다. "When is the due?"는 보다 일상적이고 직접적으로 프로젝트의 마감일을 간단히 묻는 표현입니다. 어떠한 일이나 프로젝트의 마감일을 물을 때, due와 deadline 모두 마감이나 기한을 의미합니다.

실전은 이렇게!

A I was just wondering when the project will be completed. When is the deadline for this project?
B We're working hard to finish it up as soon as possible. Our current estimate is that it will be completed by the end of next week.

A 이 프로젝트가 언제 완료될 예정인지 궁금하네요. 이 프로젝트 마감일이 언제인가요?
B 최대한 빨리 완료하려고 노력하고 있습니다. 현재 예상 완료일은 다음 주 말입니다.

UNIT 19 마감일을 꼭 지켜야 합니다.

일상 표현

We really need to meet the deadlines.
마감일을 꼭 지켜야 합니다.

비즈니스 표현

We need to adhere to the deadline.
마감일을 꼭 지켜야 합니다.

두 표현 모두 마감일을 지켜야 한다는 의미로 공식적인 자리에서 사용될 수 있습니다. 마감일을 '지키다'라고 할 때 쓰이는 동사는 meet과 adhere가 있습니다. meet은 '만나다'라는 뜻도 있고, 마감일, 요구 사항 등을 지키거나 맞추는 것을 나타내는 데도 사용할 수 있습니다. adhere는 마감일을 지키는 것이 중요하다는 의무감을 표현하는 단어로, meet보다 좀 더 격식 있는 느낌을 줄 수 있습니다.

실전은 이렇게!

A We need to adhere to the deadlines in our project plan.
B Absolutely. We can't afford any delays or setbacks, so we need to stay on track with the project plan.

A 프로젝트 계획서에 명시된 마감일을 꼭 지켜야 합니다.
B 당연합니다. 지연이나 문제 발생 없이 프로젝트 계획서에 따라 일정을 지켜야 합니다.

UNIT 20 프로젝트 진행 상황에 대해 말해 볼까요?

일상 표현
Can we talk about where we're at with the project?
프로젝트 진행 상황에 대해 말해 볼까요?

비즈니스 표현
I'd like to discuss our progress on the project.
프로젝트 진행 상황에 대해 논의하고 싶습니다.

두 표현 모두 프로젝트의 진행 상황을 논의하고 싶을 때 사용할 수 있습니다. "I'd like to discuss our progress on the project."는 discuss(논의하다)라는 동사를 사용하여 단순히 talk(말하다)보다 정중하고 격식 있는 느낌을 주는 표현입니다. 프로젝트의 진행 상황을 보다 구체적으로 논의하고 싶은 의사를 표현합니다. 'talk about ~'은 '~에 대해 이야기하다'라는 뜻을 가진 표현으로, 프로젝트의 진행 상황을 보다 간단히 이야기하고 싶은 의사를 표현합니다.

실전은 이렇게!

A I'd like to discuss our progress on the project. How are we tracking against the project plan?
B We're slightly behind schedule, but we have a plan to catch up and still meet the deadline.
A 프로젝트 진행 상황에 대해 논의하고 싶습니다. 프로젝트는 계획대로 진행되고 있나요?
B 조금 일정이 늦어졌지만, 따라잡기 위한 계획이 있어서 기한 내에 완료할 수 있을 것 같습니다.

UNIT 21

파일을 확인해 보시겠어요?

일상 표현
Can you take a look at the file?
파일을 확인해 보시겠어요?

비즈니스 표현
Could you review the file?
파일을 검토해 주실 수 있나요?

두 문장 모두 상대방에게 파일을 검토해 달라는 요청의 표현입니다. 'take a look(살펴보다)'보다는 'review(검토하다)'가 좀 더 구체적이고 격식 있는 느낌을 줄 수 있습니다. 'take a look'은 그냥 한번 보는 뉘앙스이지만, 'review'는 좀 더 꼼꼼하게 보는 의미가 포함되어 있기 때문입니다. 따라서 "Could you review the file?"은 상대의 피드백까지 기대하는 보다 정중하고 격식 있는 표현입니다.

실전은 이렇게!

A I'm working on the marketing proposal for the new product launch. Could you review the file and let me know what you think?

B Sure, I'd be happy to. I'll take a look at it and get back to you by the end of the day.

A 새로운 제품 출시를 위한 마케팅 제안서를 작성 중입니다. 파일을 검토해 주시고 의견을 말씀해 주시겠어요?

B 네, 좋아요. 한번 보고 오늘 안에 연락드리겠습니다.

UNIT 22

일을 잘 끝내도록 자원을 현명하게 사용합시다.

일상 표현

Let's use our resources wisely to get stuff done.
일을 잘 끝내도록 자원을 현명하게 사용합시다.

비즈니스 표현

Let's allocate our resources effectively to achieve our goals.
목표를 달성하기 위해 자원을 효율적으로 배분합시다.

두 표현 모두 자원을 효율적으로 사용하여 목표를 달성하자는 표현이지만, 사용된 동사에 따라 구체성과 격식의 차이가 있습니다. 'use resources wisely(자원을 현명하게 사용하다)'를 구체적이고 간결하게 표현한 단어가 'allocate(할당하다, 배분하다)'입니다. 따라서 "Let's allocate our resources effectively to achieve our goals."는 보다 구체적이고 격식 있는 표현이 되겠습니다.

실전은 이렇게!

A Let's allocate our resources effectively to achieve our goals.
B Agreed. We need to make sure we're using our resources efficiently and effectively to achieve our objectives.

A 목표를 달성하기 위해 자원을 효율적으로 배분합시다.
B 동의합니다. 목표를 달성하기 위해 자원을 확실히 효과적으로 사용해야 합니다.

UNIT 23

지금 이메일을 보내 드리겠습니다.

일상 표현
I'll send you an email now.
지금 이메일을 보내 드리겠습니다.

비즈니스 표현
I'll send you an email shortly.
곧 이메일을 보내 드리겠습니다.

'지금 바로' 이메일 보내겠다는 의미로 두 표현 모두 사용 가능하며, 일반적으로 'now(지금)'라고 말하는 것보다는 'shortly(곧, 빨리)'를 쓰는 것이 더 프로페셔널하게 들릴 수 있습니다. 일반적으로 "I'll send you an email shortly."는 지금 당장 보내야 하는 것은 아니지만 최대한 빠르게 보내겠다는 의미로 업무 상황에서 자주 사용할 수 있습니다.

실전은 이렇게!

A I'll send you an email shortly.
B Great, I'll keep an eye out for it.

A 곧 이메일을 보내 드리겠습니다.
B 좋습니다. 기다리고 있겠습니다.

UNIT 24

앞으로 계획이 무엇인가요?

일상 표현

What's the plan?
앞으로 계획이 무엇인가요?

비즈니스 표현

Have you formulated a plan?
앞으로의 계획을 세웠나요?

두 표현 모두 어떤 상황이나 프로젝트에서 계획이 있는지, 있다면 그 내용이 무엇인지 묻는 질문입니다. '계획을 세우다, 작성하다'라는 뜻인 formulate을 사용한, "Have you formulated a plan?"는 보다 구체적이고 격식 있는 표현입니다. 반면 "What's the plan?"는 보다 일상적이고 직접적으로 계획을 묻는 캐주얼한 표현입니다.

실전은 이렇게!

A Have you formulated a plan?
B Yes, certainly. Let me walk you through the steps we've identified to achieve our goals.

A 앞으로의 계획을 세웠나요?
B 네, 물론입니다. 우리가 목표를 달성하기 위한 단계를 설명해 드릴게요.

UNIT 25

프로젝트 잘 되어 가요?

일상표현

Any progress?
프로젝트 잘 되어 가요?

비즈니스 표현

How's the project coming along?
프로젝트 잘 되어 가요?

"Any progress?"는 캐주얼하고 직접적인 질문으로, 주로 상대가 이미 어떤 작업을 시작했거나 진행 중이라는 전제가 있을 때 간단히 물어볼 수 있습니다. 간단명료해서 빠른 상황 체크나 부담 없이 상황을 묻고 싶을 때 사용되며, 직접적인 표현이기 때문에 날카롭지 않은 톤으로 물어보는 것이 좋습니다. 반면 "How's the project coming along?"은 프로젝트 진행 상황에 대해 물어보는 덜 직접적이고 부드러운 표현 입니다.

실전은 이렇게!

- A How's the project coming along?
- B It's going well! We're about halfway done.

- A 프로젝트는 어떻게 되어가고 있나요?
- B 잘 진행 중입니다! 이제 절반 정도 왔네요.

UNIT 26

제 전문 분야가 아니에요.

일상 표현
I'm not the right person to ask.
제 전문 분야가 아니에요.

비즈니스 표현
That's not within my area of expertise.
그것은 저의 전문 분야가 아닙니다.

어떠한 질문이나 요청을 받았을 때 "I'm not the right person to ask."는 "나는 물어봐야 할 적절한 사람이 아니다."라는 뜻으로, 상대방의 질문이나 요청이 자신의 전문 분야에서 벗어나 있다는 것을 보다 직접적으로 표현하는 말입니다. 한편 "That's not within my area of expertise."는 "그건 저의 전문 분야가 아닙니다."라는 말로, 상대방의 질문이나 요청이 자신의 전문 분야에서 벗어나 있다는 것을 보다 간접적으로 표현하는 말입니다. 따라서 좀 더 격식 있고 정중한 느낌을 줍니다.

실전은 이렇게!

A That's not within my area of expertise.
B No problem, let me know if you need any background information or resources to help get you up to speed.

A 그것은 저의 전문 분야가 아닙니다.
B 괜찮습니다, 상황을 파악하는 데 배경 정보나 자료가 필요하시면 알려 주세요.

UNIT 27

뭔가가 빠졌네요.

일상 표현

Something is missing.
뭔가가 빠졌네요.

비즈니스 표현

There is a gap.
개선할 점이 있네요.

"Something is missing."은 어떤 것이 부족하거나, 있어야 할 것이 빠져 있다는 뜻입니다. 넓은 범위에서 사용될 수 있지만, 다소 모호하고 일반적인 느낌이 강하며, 구체적인 문제나 결여를 지적하기보다는 직관적인 결여를 표현합니다.

한편, "There is a gap."은 더 구체적이고, 문제나 기회에 대해 집중적인 개선이 필요함을 시사합니다. 또한, 해결이 필요한 지점이나 차이를 찾아내는 느낌이 강합니다. 비즈니스 전략이나 시장 분석에서 자주 사용됩니다.

실전은 이렇게!

A I've reviewed the proposal, and it looks solid, but I think there is a gap in the timeline section.
B Good point. Let's address that and make sure we're clear on the deadlines.

A 제안서를 검토해 봤는데 내용은 괜찮습니다만, 타임라인 부분에 개선할 점이 있는 것 같습니다.
B 좋은 지적이에요. 그 부분을 해결하고, 마감일을 확실히 하도록 합시다.

UNIT 28

그 프로젝트 정말 잘하셨어요.

일상 표현

You killed it on this project.
그 프로젝트 정말 잘하셨어요.

비즈니스 표현

Thank you for your hard work on this project.
이 프로젝트에 대한 귀하의 노고에 감사드립니다.

"You killed it on this project."는 다소 캐주얼한 표현입니다. 'killed it'은 '대박을 터뜨렸다'라는 뜻으로, 상대방의 프로젝트 참여가 매우 성공적이었다는 것을 직접적으로 강조합니다. 하지만 공식적인 자리에서 상대방의 프로젝트 참여에 대해 보다 격식 있고 정중한 감사를 표하고 싶을 때는 "Thank you for your hard work on this project."를 사용하는 것이 좋습니다. 'your hard work'는 '당신이 열심히 일한 것'이라는 뜻입니다.

실전은 이렇게!

A Thank you for your hard work on this project.
B It was a team effort, but I appreciate the recognition.

A 이 프로젝트에 대한 귀하의 노고에 감사드립니다.
B 팀원 모두 노력한 것이지만, 인정해 주셔서 감사합니다.

UNIT 29

어떻게 생각하시는지 알려 주세요.

일상 표현

Let me know what you think.
어떻게 생각하시는지 알려 주세요.

비즈니스 표현

I'd appreciate your feedback.
피드백을 주시면 감사하겠습니다.

"Let me know what you think."는 직역하면 "당신이 생각하는 것을 알려 주세요."라는 말로, 상대방의 피드백을 요청하는 표현 중 비교적 캐주얼한 표현입니다. "I'd appreciate your feedback."는 보다 격식 있는 표현으로, appreciate(감사하다)은 상대방의 피드백을 받을 수 있는 기회에 대한 감사의 뜻을 전합니다. 이처럼 상대의 평가나 피드백을 직접적이지만 공손하게 묻는 표현으로는 "Can you give me some feedback?(피드백을 좀 주시겠어요?)"도 있습니다.

실전은 이렇게!

A I've finished the marketing proposal. I'd appreciate your feedback before I send it to the client.

B Sure, I'd be happy to take a look at it.

A 마케팅 제안서를 완성했습니다. 고객에게 보내기 전에 피드백을 주시면 감사하겠습니다.

B 네, 한번 보겠습니다.

UNIT 30

그냥 평범한 것 같아요.

일상 표현

Not bad, but it could be better.
그냥 평범한 것 같아요.

비즈니스 표현

I appreciate the effort, but I believe there is definitely room for improvement in this area.
정말 수고하셨는데, 이 부분은 확실히 개선의 여지가 있어요.

두 표현 모두 매우 만족하는 것은 아니지만 괜찮다는 감상을 얘기하면서 개선의 여지가 있음을 피드백하는 표현입니다. 그런데 "Not bad, but it could be better."라고 하면 "나쁘지 않고, 더 나아질 수도 있겠네요."라는 캐주얼한 표현이 됩니다. 좀 더 격식 있고 공손하게 말하려면 "I appreciate the effort, but I believe there is definitely room for improvement in this area."라고 하면서 상대방의 노력을 인정하면서도 여전히 개선의 여지가 있다는 것을 표현할 수 있습니다.

실전은 이렇게!

A I just finished the report you asked me to work on. Have you had a chance to review the report?

B I appreciate the effort you put in, but I think there is room for improvement in certain areas. Can we discuss these together?

A 방금 지시하신 보고서를 마쳤습니다. 혹시 보셨나요?

B 노력에 감사드리지만, 특정 부분에서는 개선할 여지가 있다고 생각합니다. 같이 이 부분을 논의해 볼까요?

BUSINESS

Chapter 3

협상

UNIT 01 얼마예요?

일상 표현

How much is it?
얼마예요?

비즈니스 표현

Can you send me a proposal?
가격 좀 보내 주시겠어요?

두 문장 모두 가격을 알려 달라는 뜻의 표현입니다. "How much is it?"이라고 하면 직설적으로 "얼마예요?"라고 묻는 표현인데, 때에 따라서 너무 가볍게 들릴 수 있습니다. 대신 "Can you send me a proposal?"이라고 하면 더 공손하게 느껴집니다. 여기에서 proposal은 '제안, 제안서, 제안하는 가격'을 의미합니다. 이외에도 '견적'을 의미하는 quote, '가격 정보'를 의미하는 pricing detail이라는 표현을 상황에 따라 바꾸어 사용할 수 있습니다.

실전은 이렇게!

A I'm interested in purchasing your product. Could you provide me with the pricing details, please?

B Sure, we have a few different options available. Which product are you interested in?

A 귀사의 제품을 구매하고 싶습니다. 가격 정보를 알려 주실 수 있나요?

B 물론입니다, 여러 가지 옵션이 있습니다. 어떤 제품에 관심이 있으신가요?

UNIT 02

너무 비싸요.

일상 표현

That's too expensive.
너무 비싸요.

비즈니스 표현

Unfortunately, the cost exceeds our budget at the moment.
불행하게도, 가격이 현재 저희 예산을 초과합니다.

두 표현 모두 어떠한 가격이나 견적이 너무 비싸다는 의미이지만, "Unfortunately, the cost exceeds our budget at the moment."가 좀 더 공손하고 격식 있는 표현입니다. 이 표현은 보다 간접적인 의미를 전달합니다. "That's too expensive."라고 하면 "그건 너무 비싸요."라고 직접적인 감상을 말하는 것이므로 다소 무례하게 들릴 수도 있습니다.

실전은 이렇게!

A I was really impressed with your proposal, but unfortunately, the cost exceeds our budget at the moment.
B I understand your concerns. Could you elaborate on your budget so that we can determine if we can make any adjustments to our proposal?

A 당신의 제안에 정말 좋은 인상을 받았지만, 불행하게도 가격이 현재 저희 예산을 초과합니다.
B 우려하시는 것을 이해합니다. 제안서를 수정할 수 있는 여지가 있는지 검토하기 위해 예산 상황을 자세히 말씀해 주실 수 있으신가요?

UNIT 03

저희가 생각했던 가격과 너무 다른데요.

일상 표현

That's not even close to what we were hoping for.
저희가 생각했던 가격과 너무 다른데요.

비즈니스 표현

Thank you for your proposal, but we were hoping for a more competitive offer.
제안해 주셔서 감사하지만, 저희는 좀 더 경쟁력 있는 가격(제안)을 바랐습니다.

두 표현 모두 상대방의 제안이 기대에 못 미친다는 의도를 가지고 있지만, 후자가 좀 더 격식 있는 표현입니다. 상대방의 제안을 존중하는 뜻을 전하면서도 그 제안이 기대에 못 미친다는 것을 완곡하게 표현합니다. 반면, "That's not even close to what we were hoping for."은 직설적이고 캐주얼한 표현입니다. 'be not even close'는 '전혀 그렇지 않다'라는 의미로, 상대방의 제안이 기대에 미치지 못한다는 것을 직접적으로 표현합니다. 상황에 따라 무례하게 느껴질 수 있으므로, 정중한 표현을 사용하는 것이 좋습니다.

실전은 이렇게!

A Hi, we're excited to offer you our product at the price of $500 per unit.

B Thank you for your proposal, but we were hoping for a more competitive offer. Can you provide a lower price point?

A 안녕하세요, 저희는 제품을 1개당 500달러에 제공해 드리기로 했습니다.

B 제안해 주셔서 감사합니다만, 저희는 좀 더 경쟁력 있는 가격을 기대했습니다. 더 낮은 가격을 제시해 주실 수 있나요?

UNIT 04

아니요, 그 제안은 받아들일 수 없습니다.

일상 표현
No, I can't accept that offer.
아니요, 그 제안은 받아들일 수 없습니다.

비즈니스 표현
I will have to decline that offer.
그 제안은 거절해야 할 것 같습니다.

두 표현 모두 상대방의 제안을 거절한다는 말입니다. "No, I can't accept that offer."라고 하면 다소 직접적인 표현으로, 딱 잘라서 거절하는 느낌을 줍니다. 이때, 'I will have to ~'를 써서 '저는 ~해야만 해요.'라고 말하면 상대방의 제안을 거절하는 것이 불가피하다는 것을 나타내는 공손한 표현이 됩니다. decline은 '거절하다'라는 뜻입니다.

실전은 이렇게!

A I will have to decline that offer.
B That's alright, we understand.
A Thank you for your understanding.

A 그 제안은 거절해야 할 것 같습니다.
B 괜찮습니다, 이해합니다.
A 이해해 주셔서 감사합니다.

UNIT 05

무슨 말씀인지 이해했어요.

일상 표현

I hear you.
무슨 말씀인지 이해했어요.

비즈니스 표현

I understand your position.
당신의 입장은 이해합니다.

두 표현 모두 상대방의 입장을 이해한다는 표현입니다. "I hear you."는 비교적 캐주얼한 표현으로, 직역하면 "나는 당신의 말을 들었다.", 즉 "당신의 말을 이해한다."라는 의미입니다. 비슷한 표현으로 "I know where you are coming from.(왜 그 말씀을 하시는지는 알겠어요.)"도 일반적인 상황에서 사용할 수 있습니다.

반면 "I understand your position."은 보다 격식 있는 표현으로, 'your position(당신의 입장)'을 구체적으로 언급하여 이해하는 것이 무엇인지 강조하는 문장입니다.

실전은 이렇게!

A I understand your position, but I believe there may be room for negotiation.
B I appreciate your perspective. In that case, would you be willing to consider any counter-offers?

A 당신의 입장은 이해하지만, 협상의 여지가 있다고 생각합니다.
B 당신의 시각을 이해합니다. 그렇다면 어떤 대안을 고려해 보시겠습니까?

UNIT 06

타협점을 찾아봅시다.

일상 표현

Let's find a compromise.
타협점을 찾아봅시다.

비즈니스 표현

I believe there may be room for negotiation.
협상의 여지가 있다고 생각합니다.

'I believe ~'는 '나는 ~라고 믿는다', '~인 것 같다'라는 의미로, 어떤 것에 대한 확신을 표현합니다. "There may be room for negotiation."은 "협상의 여지가 있을 수 있다."라는 말로, 앞에 'I believe ~'를 붙이면 상대방과 의견 차이에 대해 협상을 할 수도 있다는 가능성을 표현하게 됩니다.
반면, "Let's find a compromise"은 보다 직접적이고 간단한 표현입니다.

실전은 이렇게!

A I think we should reconsider the price on this deal.
B I understand your position, but I believe there may be room for negotiation.

A 이번 거래에서 가격을 다시 생각해 보아야 할 것 같습니다.
B 무슨 말씀이신지는 알겠지만, 협상의 여지가 있다고 생각합니다.

UNIT 07

한번 들어 봅시다.

일상 표현

Let's hear it.
한번 들어 봅시다.

비즈니스 표현

We're open to hearing your suggestions.
귀하의 제안을 들어 보고 싶습니다.

상대방의 의견이나 제안을 들어 보겠다는 표현으로 "Let's hear it."이라고 하면 무엇을 듣겠다는 건지 대상이 명확하지 않고 다소 가볍게 느껴집니다. 'be open to ~'를 사용하여 "We're open to hearing your suggestions."라고 하면 보다 격식 있게 상대방의 의견이나 제안을 듣고 싶다는 의사를 표현할 수 있습니다.

실전은 이렇게!

A We're interested in purchasing your product, but the price is a bit steep for our budget. We would like to propose a counter-offer to your previous offer.

B I understand. What price range are you considering? We're open to hearing your proposals and suggestions.

A 당신의 제품을 구매하려고 하는데, 가격이 예산 범위를 벗어납니다. 이전 제안에 대한 대안을 드리고자 합니다.

B 이해합니다. 어떤 가격대를 고려하고 계신가요? 귀하의 제안과 추천을 들어 보고 싶습니다.

UNIT 08 제가 그것보다 나은 제안을 드릴 수 있을 것 같습니다.

일상 표현

I think I can get you a better offer than that one.
제가 그것보다 나은 제안을 드릴 수 있을 것 같습니다.

비즈니스 표현

Would it be possible to propose an alternative offer?
혹시 다른 대안을 제시해 드려도 될까요?

"Would it be possible ~?"은 " ~이 가능할까요?"라는 뜻을 가진 공손한 표현으로, 상대방에게 어떤 것을 할 수 있는지 여부를 정중하게 묻는 표현입니다. "propose an alternative offer"은 "대안을 제시하다"라는 표현입니다. 한편, "I think I can get you a better offer than that one."은 보다 캐주얼한 표현입니다. 상대방에게 나은 제안을 할 수 있다는 자신감을 나타내는 직접적인 표현입니다.

실전은 이렇게!

A Would it be possible to propose an alternative offer? We would like to propose a counter-offer to your previous offer.
B Sure, I'm open to considering your counter-offer. Please go ahead and provide the details.
A 혹시 다른 대안을 제시해 드려도 될까요? 이전 제안에 대한 대안을 제시하고자 합니다.
B 네, 당신의 대안을 고려할 준비가 되어 있습니다. 자세한 내용을 제시해 주세요.

UNIT 09 다들 동의하시나요?

일상 표현

Does everybody agree?
다들 동의하시나요?

비즈니스 표현

Is there a consensus?
모두의 합의가 이루어졌나요?

미팅이나 협상에서 모든 사람이 동의하는지 여부를 묻는 표현입니다. "Is there a consensus?"는 "Does everybody agree?"보다 격식 있는 표현입니다. consensus는 '합의'라는 뜻으로, "Is there a consensus?"는 "합의가 이루어졌습니까?"라는 표현입니다. 모든 사람이 동의하는지 여부를 정중하게 묻는 표현입니다. 한편, "Does everybody agree?"는 "모두 동의합니까?"라는 뜻으로, 좀 더 편한 자리에서 캐주얼하게 묻는 표현입니다.

실전은 이렇게!

A Is there a consensus on the marketing strategy for the new product launch?
B Yes, the team has agreed on focusing our efforts on digital channels and influencer collaborations.

A 새로운 제품 출시에 대한 마케팅 전략에 모두의 합의가 이루어졌나요?
B 네, 팀은 디지털 채널과 인플루언서 협력에 집중하기로 합의했습니다.

UNIT 10

결정하는 데 시간이 더 필요합니다.

일상 표현

We need more time to make a decision.
결정하는 데 시간이 더 필요합니다.

비즈니스 표현

We appreciate the offer, but we require more time to assess our options before making a decision.
제안해 주셔서 감사하지만, 결정하는 데 시간이 좀 더 필요합니다.

상대방의 제안에 대해 결정을 내리기 전에 시간을 더 필요로 한다는 문장입니다. "We need more time to make a decision."이라고 하면 단순히 결정하기 전에 시간이 필요하다는 것을 직설적으로 전달합니다. 비즈니스 상황에서 쓰려면 "We appreciate the offer."라고 상대방의 제안에 감사함을 표현하면서 'require(필요로 하다)'라는 구체적인 단어를 사용하여 의사를 전달하면 더 좋습니다. 'assess(평가하다)'라는 단어로 선택지를 평가할 필요가 있다는 것을 의미합니다.

> **실전은 이렇게!**
>
> A We would like to proceed with the partnership as soon as possible. Can we have your decision by the end of the week?
> B We appreciate the offer, but we require more time to assess our options before making a decision.
>
> A 가능한 빠른 시일 내에 파트너십을 진행하고자 합니다. 이번 주 말까지 결정하실 수 있을까요?
> B 제안해 주셔서 감사하지만, 결정하는 데 시간이 좀 더 필요합니다.

UNIT 11

죄송하지만, 그것은 제가 해 드릴 수가 없어요.

일상 표현

Sorry, I can't do that for you.
죄송하지만, 그것은 제가 해 드릴 수 없어요.

비즈니스 표현

I'm sorry, I cannot accommodate that request.
죄송하지만, 그 요청은 들어 드릴 수가 없습니다.

"I'm sorry, I cannot accommodate that request."는 거절을 의미하는 보다 격식 있는 표현입니다. 들어줄 수 없는 것에 대해 상대방에게 사과를 하면서 상대방의 요청을 들어줄 수 없다는 것을 표현하는 표현입니다. "accommodate"는 "수용하다"라는 뜻을 가진 구체적인 단어로, 상대방의 요청을 들어줄 수 없음을 의미합니다. 반면, "Sorry, I can't do that for you."는 상대방의 요청을 들어줄 수 없다는 것을 표현하는 보다 캐주얼한 표현입니다. 자연스러운 표현이지만, 상황에 따라서는 무례하게 들릴 수 있기 때문에 공식적인 자리에서는 후자가 더 자연스럽습니다.

실전은 이렇게!

A I'm sorry, I cannot accommodate that request.
B Is there anything we can do to make it possible?
A Unfortunately, it's beyond our control.

A 죄송하지만, 그 요청은 들어 드릴 수가 없습니다.
B 그러면 가능하게 하는 방법이 있을까요?
A 안타깝지만, 저희가 통제할 수 있는 일이 아니에요.

UNIT 12

더 진행하기 전에 우리가 명확한지 확실히 합시다.

일상 표현

Let's make sure we're clear before we go ahead.
더 진행하기 전에 우리가 명확한지 확실히 합시다.

비즈니스 표현

I want to make sure we're on the same page before moving forward.
더 진행하기에 앞서 저희 생각이 같은지 명확히 하고 싶습니다.

다음 단계로 진행하기 전에 서로의 의사가 일치하는지 확인하고 싶은 경우에 쓸 수 있습니다. "Let's make sure we're clear before we go ahead."는 비교적 캐주얼한 표현입니다. 'clear(명확한)', 'go ahead(다음 단계로 진행하다)' 등은 캐주얼한 상황에 쓰기 좋은 표현들입니다. 좀 더 비즈니스에 적합한 표현은 'move forward(다음 단계로 진행하다)', 'be on the same page(서로 같은 생각이다)' 등이 있습니다.

실전은 이렇게!

A I want to make sure we're on the same page before moving forward. Can you clarify what you mean by "aggressive timeline?"

B Sure, by "aggressive timeline" I mean we want to complete the project in six months instead of the usual eight months.

A 더 진행하기에 앞서 저희 생각이 같은지 명확히 하고 싶습니다. "적극적인 일정"이 무슨 의미인지 설명해 주실래요?

B 네, "적극적인 일정"은 보통 8개월이 걸리는 프로젝트를 6개월 안에 마무리하려는 것을 의미합니다.

BUSINESS

Chapter 4

인터뷰

UNIT 01

(질문에 대한 답을) 모르겠습니다.

일상 표현
I don't know the answer to that question.
(질문에 대한 답을) 모르겠습니다.

비즈니스 표현
I don't have the answer immediately at hand.
지금 당장은 답변을 가지고 있지 않습니다.

인터뷰에서 면접관의 질문에 대한 답을 모를 때는 단순히 모른다고 하는 것보다는, 나중에 좀 더 찾아보겠다는 내용이나 앞으로 배울 준비가 되어 있다는 것을 함께 덧붙여 주는 것이 좋습니다. 'off the top of my head(지금 당장 머리에 떠오르는 바로는)', 'I'm not familiar with that concept(그 개념이 익숙하지 않지만)', 'I'm a fast learner and open to expanding my knowledge(저는 빠르게 배울 수 있으며, 지식을 확장하는 것에 열려 있습니다)' 등의 표현도 유용합니다.

실전은 이렇게!

A Can you explain the difference between a stack and a queue, and provide an example of when you would use each data structure in a real-world scenario?

B I don't have the answer immediately at hand, but I am eager to learn more and provide a well-informed response as soon as possible.

A 스택(stack)과 큐(queue)의 차이점을 설명하고, 각 데이터 구조를 언제 실제 시나리오에서 사용하는지 예시를 들어주실 수 있나요?

B 지금 당장은 답변을 가지고 있지 않지만, 더 배우고 난 후에 가능한 빨리 잘 준비된 대답을 제공하겠습니다.

UNIT 02

된 것 같습니다(질문 없습니다).

일상 표현

I think that's it for me.
된 것 같습니다(질문 없습니다).

비즈니스 표현

Thank you for addressing all my questions. I do not have any further questions at this time.
모든 질문에 대해 답변해 주셔서 감사합니다. 지금은 추가적인 질문이 없습니다.

인터뷰에서 마지막에 "혹시 질문 사항 있으신가요?(Do you have any questions for us?)"라고 물어보는 경우가 있습니다. 이럴 때는 질문을 하는 것이 좋겠지만, 정말 하고 싶은 질문이 없을 경우에는 이렇게 말할 수 있습니다. "Thank you for addressing all my questions. I do not have any further questions at this time."은 면접관에게 감사의 마음을 전달함과 동시에 공손하게 질문이 없음을 표현합니다. "I had a couple of questions but you've already addressed them, so thank you.(질문이 몇 개 있었는데 이미 답변을 해 주셨어요, 감사합니다.)"라고 말할 수도 있습니다.

실전은 이렇게!

A Do you have any further questions?
B Thank you for addressing all my questions. I do not have any further questions at this time.

A 추가로 궁금한 사항이 있나요?
B 모든 질문에 대해 답변해 주셔서 감사합니다. 지금은 추가적인 질문이 없습니다.

UNIT 03 결과는 언제 알 수 있나요?

일상 표현

When can I know the result?
결과는 언제 알 수 있나요?

비즈니스 표현

Could you please let me know when I can expect to hear back about the interview results?
언제쯤 면접 결과를 알 수 있는지 알려 주시겠어요?

면접 결과가 언제 나오는지를 물어볼 때에는, 독촉하는 느낌을 주지 않도록 공손하게 물어보는 것이 중요합니다. "When can I know the result?"라고 직접적으로 물어보는 것도 가능하지만, 이는 상대방에게 다소 부담을 줄 수 있습니다. "Could you please let me know when I can expect to hear back about the interview results?"라고 묻는 것이 더 프로페셔널합니다. 남아 있는 채용 과정도 함께 알고 싶다면 "What are the next steps in the interview process and when can I expect to hear back?(면접 다음 단계는 무엇이며 결과를 언제쯤 들을 수 있을까요?)"이라고 말할 수 있습니다.

실전은 이렇게!

A I recently had an interview with your team. Could you please let me know when I can expect to hear back about the interview results?

B I'll make sure to check with the hiring team and get back to you as soon as we have an update.

A 최근에 그 팀에 면접을 봤습니다. 언제쯤 면접 결과를 알 수 있는지 알려 주시겠어요?

B 채용 팀에 확인해 보고 새로운 소식이 있으면 바로 연락드리겠습니다.

UNIT 04   저는 이전에 구글에서 일했습니다.

일상 표현

I used to work at Google for a while.
저는 이전에 구글에서 일했습니다.

비즈니스 표현

I have five years of experience as a software engineer at Google.
저는 구글에서 소프트웨어 엔지니어로 5년간 근무한 경험이 있습니다.

전 직장에 대한 질문을 받았을 때에는, 단순하게 어디에서 일을 했다고 말하는 것보다는 직장이 어디였고 무슨 일을 했는지를 구체적으로 말하는 것이 좋습니다. 'for a while(한동안, 잠깐)'은 구체적이지 않고 성의 없는 느낌을 줄 수 있으므로, 더 자세히 말하는 것이 필요합니다. "I have five years of experience as a software engineer at Google."은 문장 안에 근무 기간과 역할이 모두 드러나므로, 면접자가 이해하는 데 더욱 도움이 될 수 있습니다.

실전은 이렇게!

A Can you tell me about your previous work experience?
B I have five years of experience as a software engineer at Google.

A 이전 직장 경험에 대해 말씀해 주시겠어요?
B 구글에서 소프트웨어 엔지니어로 5년간 근무한 경험이 있습니다.

UNIT 05

저는 이 일을 하는 것을 좋아합니다.

일상 표현

I really love doing this work.
저는 이 일을 하는 것을 좋아합니다.

비즈니스 표현

This work aligns perfectly with my interests and brings me a deep sense of fulfillment.
이 일은 저의 관심사와 완벽하게 일치하며 저에게 깊은 만족감을 줍니다.

일에 대한 열정을 표현하고 싶을 때, 단순히 "I really love it."이라고 말하는 것은 구체적이지 않고 프로페셔널하지 않게 들립니다. 이럴 때는 이 일이 왜 좋은지를 좀 더 자세히 표현해 주는 것이 좋습니다. "This work aligns perfectly with my interests and brings me a deep sense of fulfillment."라고 하면 프로페셔널하게 자신의 관심사와 일을 연관시켜 표현한 문장입니다.

• **align with~** ~와 어울리다, 일치하다

실전은 이렇게!

A How do you feel about the responsibilities outlined in the job description?
B This work aligns perfectly with my interests and brings me a deep sense of fulfillment.

A 저희 직무 설명에 명시된 책임에 대해 어떻게 생각하시나요?
B 이 일은 저의 관심사와 완벽하게 일치하며 저에게 깊은 만족감을 줍니다.

UNIT 06

그것이 바로 제가 잘하는 것입니다.

일상 표현
That's something I'm really good at.
그것이 바로 제가 잘하는 것입니다.

비즈니스 표현
Based on my experience and skills, I would say that ~ is a particular strength of mine.
저의 경험과 기술을 바탕으로, ~이 제 특장점이라고 생각합니다.

인터뷰에서 자신의 강점을 설명할 때에는 단순하게 무엇을 잘한다고 말하는 것보다는 최대한 구체적으로 말을 하는 것이 좋습니다. 구체적인 설명을 위해 예시를 들기 전에, 이렇게 강점에 대해 소개할 수 있습니다. "Based on my experience and skills, I would say that ~ is a particular strength of mine."이라고 하면 보다 구체적으로 표현할 수 있습니다. "I would say that"은 자연스러운 구어체 표현이며, 생략해도 무방합니다.

실전은 이렇게!

A What would you say is your biggest strength?
B Based on my experience and skills, I would say that my ability to think critically is a particular strength of mine.

A 당신의 가장 큰 장점은 무엇이라고 생각하나요?
B 저의 경험과 기술을 바탕으로, 비판적 사고 능력이 제 특장점이라고 생각합니다.

UNIT 07

그건 제가 잘 못합니다.

I'm not very good at that.
그건 제가 잘 못합니다.

I believe my area for improvement lies in ~.
저의 개선점은 ~인 것 같습니다.

강점을 표현할 때와 마찬가지로, 인터뷰에서 약점에 대하여 말을 할 때 단순히 못한다고만 표현하면 단점만 더욱 두드러지므로 지양하는 것이 좋습니다. 최대한 완화된 표현을 사용하고, 언급할 단점 또한 전략적으로 선택하는 것이 좋습니다. '단점', '못하는 것', '약점'이라는 단어를 직접 언급하기보다, 'improvement(개선점)'로 완화하여 표현하는 것이 좋습니다.

실전은 이렇게!

A Can you identify an area for improvement in your skillset?
B I believe my area for improvement lies in public speaking. While I have presented to groups before, I would like to further develop my confidence and clarity in conveying ideas.

A 당신의 기술 범위에서 개선이 필요한 부분이 있다면 어떤 것인가요?
B 저의 개선점은 대중 연설이라고 생각합니다. 이전에도 그룹 앞에서 발표한 적이 있지만, 아이디어를 전달하기 위해 자신감과 명확성을 더욱 발전시키고 싶습니다.

UNIT 08

저는 여가 시간에 그런 것들을 좋아합니다.

일상표현

I love doing those things in my free time.
저는 여가 시간에 그런 것들을 좋아합니다.

비즈니스 표현

Outside of work, I enjoy pursuing these hobbies.
업무 외에는 이러한 취미를 즐기고 있습니다.

면접관이 취미에 대해 물어보는 경우도 있습니다. 그럴 때는 단순하게 무엇을 좋아한다, 즐긴다고 말을 할 수도 있고, 일과 연관시키는 대답을 덧붙여 추가할 수도 있습니다.
업무 외적으로 즐기는 것을 말할 때는 'free time'이라고 해도 괜찮지만, 좀 더 격식을 갖추고 싶다면 'outside of work'라고 말하는 것도 좋습니다. "Outside of work, I enjoy pursuing these hobbies."는 취미에 대해 설명할 수 있는 간단하고 프로페셔널한 대답입니다.

실전은 이렇게!

A Can you tell me about your hobbies?
B Outside of work, I enjoy pursuing a variety of hobbies including hiking, reading, and volunteering at a local nonprofit organization. I find that these activities help me maintain a healthy work-life balance.

A 취미에 대해 이야기해 주시겠어요?
B 업무 외에는 등산, 독서 그리고 지역 비영리 단체 봉사활동 등 다양한 취미를 즐기고 있습니다. 이러한 활동들은 건강한 워라밸을 유지하는 데 도움이 된다고 생각합니다.

UNIT 09

제가 전 직장을 떠나게 된 이유입니다.

일상 표현

That's actually why I left my last job.
제가 전 직장을 떠나게 된 이유입니다.

비즈니스 표현

One of the factors that contributed to my decision to leave my previous job was ~.
이전 직장을 떠나기로 결정한 요인 중 하나는 ~입니다.

인터뷰에서 전 직장을 그만 둔 이유를 말할 때는 조심스럽게 말하는 것이 좋습니다. 전 직장에 대한 단점을 직접적으로 언급하는 것은 지양하고, 완화된 표현을 쓰도록 합니다.
"That's actually why I left my last job."라고 퇴사 이유를 명확하게 짚어 주는 것도 좋지만, 완화된 표현으로 돌려서 쓸 수 있습니다. 따라서 "One of the factors that contributed to my decision to leave my previous job was ~." 라고 표현하는 것이 좋습니다.

실전은 이렇게!

A Can you tell me about a time when you decided to leave your previous job?
B One of the factors that contributed to my decision to leave my previous job was that I was seeking more growth opportunities and challenges.

A 이전 직장을 떠나기로 결정한 시점에 대해 이야기해 주시겠어요?
B 이전 직장을 떠나기로 결정한 요인 중 하나는 더 많은 성장 기회와 도전을 찾고 있었다는 것입니다.

UNIT 10 이 일에 지원한 이유가 무엇인가요?

일상 표현

Why did you decide to apply for this job?
이 일에 지원한 이유가 무엇인가요?

비즈니스 표현

What made you apply for this role?
이 업무에 지원하게 된 계기가 무엇인가요?

면접관의 입장에서 면접자에게 지원 동기를 물어볼 때에는, 직접적으로 '왜(why)' 지원했는지 물어볼 수도 있지만, 이러한 표현은 상황에 따라서 다소 가볍게 느껴질 수 있습니다. '무엇이 당신을 지원하게 만들었냐'라고 하는 편이 좀 더 프로페셔널하게 들립니다. 따라서 "What made you apply for this role?"라고 간접적으로 물어보는 것이 좋습니다.

실전은 이렇게!

A What made you apply for this role?
B I was really drawn to the company's innovative approach to solving problems and the opportunity to work with a dynamic team.

A 이 업무에 지원하게 된 계기가 무엇인가요?
B 회사가 문제를 해결하는 혁신적인 접근과 역동적인 팀과 함께 일하는 기회에 매력을 느꼈습니다.

UNIT 11 커리어 계획이 무엇인가요?

일상 표현

What are your career plans?
커리어 계획이 무엇인가요?

비즈니스 표현

Can you tell me about your long-term career goals?
장기적인 커리어 목표에 대해 이야기해 주시겠어요?

앞으로의 커리어 목표에 대해 질문을 할 때는 간단하고 직접적으로 "What are your career plans?"라고 물어볼 수 있습니다. 그런데 좀 더 격식 있게 물어보고 싶다면 "Can you tell me about your long-term career goals?"라고 말할 수 있습니다. 단순히 커리어 계획을 묻는 것보다는 장기적인(long-term) 목표에 대하여 구체적으로 질문을 하는 것이 더 격식 있게 들립니다.

실전은 이렇게!

A Can you tell me about your long-term career goals?
B Yes, I'm hoping to continue to grow in my field and eventually take on a leadership role within a company that aligns with my values and career aspirations.

A 장기적인 커리어 목표에 대해 이야기해 주시겠어요?
B 네, 제 분야에서 계속 성장하고 가치와 직업 포부에 부합하는 회사에서 결국 리더 역할을 맡는 것이 목표입니다.

UNIT 12

합격하셨습니다!

일상 표현

You got the job!
합격하셨습니다!

비즈니스 표현

We are pleased to inform you that you have been selected for the position.
최종 합격하셨다는 소식을 전하게 되어 기쁩니다.

면접 전형에서 최종 합격을 했다는 소식을 전하는 입장일 때는 캐주얼하게 "You got the job!"이라고 말할 수 있습니다. 그런데 이는 다소 캐주얼하게 들리기 때문에, 이를 좀 더 격식 있게 말을 하거나 이메일로 합격 사실을 통보할 때는 "We are pleased to inform you that you have been selected for the position."라고 하는 것이 좋습니다.

실전은 이렇게!

A We are pleased to inform you that you have been selected for the position.
B That's great news! Thank you for the opportunity. I'm excited to start and contribute to the team.

A 최종 합격하셨다는 소식을 전하게 되어 기쁩니다.
B 멋진 소식입니다! 기회를 주셔서 감사합니다. 팀에 기여하기 위해 열심히 일하겠습니다.

BUSINESS

Chapter 5

미팅/화상회의

UNIT 01

잘 안 들려요.

일상 표현

I can't hear you.
잘 안 들려요.

비즈니스 표현

Could you speak a bit louder, please?
좀 더 크게 말씀해 주시겠어요?

두 표현 모두 화상 회의, 컨퍼런스 콜 등 다양한 상황에서 상대방의 목소리가 잘 들리지 않을 때 사용할 수 있습니다. 여기서 두 번째 표현이 좀 더 격식 있고 구체적인 표현입니다. 이때 "I can't hear you."는 다소 직접적이고 캐주얼한 표현입니다. 격식을 차려야 하는 상황에서는 무례하게 들리거나 오해를 살 수 있으므로, "Could you ~?"를 붙여 공손하고 격식 있게 전달하는 것이 좋습니다.

실전은 이렇게!

A Could you speak a bit louder, please?
B Sure, is this better?

A 좀 더 크게 말씀해 주시겠어요?
B 네, 이게 더 낫나요?

UNIT 02 마이크를 음 소거로 해 주시겠어요?

일상 표현

Can you please go on mute?
마이크를 음 소거로 해 주시겠어요?

비즈니스 표현

Can you please mute yourself when you're not talking?
말씀을 안 하실 때 마이크를 음 소거로 해 주시겠어요?

여러 명이 화상 회의를 진행하는 중에 마이크가 동시에 켜져 있으면 전반적으로 소란스러워질 수 있습니다. 이럴 때, 상대방에게 말을 하지 않을 때는 마이크를 음 소거로 해 달라는 표현을 할 수 있습니다. 두 표현 모두 사용될 수 있는데, 상황에 따라 "Can you please go on mute?"라고 간단하게 표현하거나, "Can you please mute yourself when you're not talking?"으로 구체적으로 표현할 수 있습니다.

실전은 이렇게!

A To minimize background noise, can you please mute yourself when you're not talking?

B Sorry, I didn't realize my microphone was on.

A 배경 소음을 최소화하기 위해 말씀하시는 분 외에는 마이크를 꺼 주시겠어요?

B 죄송해요, 마이크가 켜져 있는 걸 몰랐습니다.

UNIT 03

의견을 말씀해 주셔서 감사합니다.

일상 표현

Thanks for telling me your thoughts.
의견을 말씀해 주셔서 감사합니다.

비즈니스 표현

Thank you for sharing your insights.
견해를 공유해 주셔서 감사드립니다.

상대방이 의견이나 피드백을 주었을 때, 이에 대한 감사를 전달하는 표현입니다. 생각을 말해 줘서 고맙다는 'thoughts'을 사용하는 것도 좋지만, 좀 더 격식 있고 프로페셔널하게 전달하고 싶다면 'insights(견해)' 또는 'inputs(의견, 인풋)'라고 말하는 것이 좋습니다. 이를 사용하여 "Thank you for sharing your insights."라고 표현하거나 "I appreciate your inputs."라고 말할 수 있습니다.

실전은 이렇게!

A Thank you for sharing your insights.
B No problem. Let me know if there's anything else I can do.

A 여러분의 견해를 공유해 주셔서 감사드립니다.
B 천만에요. 다른 도움이 필요하면 언제든지 말해주세요.

UNIT 04

잠시 자리를 비우겠습니다.

일상 표현

I need to pop out.
잠시 자리를 비우겠습니다.

비즈니스 표현

Excuse me, I'll be back in a few minutes.
죄송하지만, 몇 분만 자리를 비우겠습니다.

미팅이나 업무 중에 자리를 비워야 할 때 쓸 수 있는 표현입니다. 아예 나갈 때는 "I've got to go." 또는 "I need to leave."라고 간단히 표현할 수 있는데, 잠시 자리를 비울 때는 'pop out(잠시 외출하다)'이라는 표현을 사용합니다. 그런데 'pop out'은 다소 캐주얼한 표현이므로 "I'll be back.(다시 돌아오겠습니다.)"라는 표현을 쓰는 것이 좋습니다. 곧 다시 돌아온다는 의미를 강조하고 싶다면 'in a few minutes(잠시 몇 분)' 또는 'shortly(곧)'라는 표현을 뒤에 추가할 수 있습니다.

실전은 이렇게!

A Excuse me, I'll be back in a few minutes.
B No problem. We can continue this discussion at a later time or I can follow up with you via email.

A 죄송하지만, 몇 분만 자리를 비우겠습니다.
B 괜찮습니다. 나중에 다시 이야기하거나 이메일로 연락해도 됩니다.

UNIT 05 다음 주제에 대해 얘기하시죠.

Let's talk about the next one.
다음 주제에 대해 얘기하시죠.

Let's move on to the next item.
다음 주제에 대해 말씀을 나누시죠.

"Let's talk about the next one."은 "다음 것을 이야기해 봅시다."라는 뜻으로, 캐주얼하게 일상에서 쓸 수 있는 표현입니다. 편안한 분위기나 팀 내부 논의에서 더 자연스럽습니다. "Let's move on to the next item." 또한 "다음 항목으로 넘어갑시다."라는 뜻으로, 비즈니스 회의에서 가장 일반적이고 적절한 표현 중 하나입니다. 발표나 회의에서 여러 안건을 순서대로 다룰 때, 다음 항목으로 자연스럽게 전환하는 데 매우 적절합니다. 다른 표현으로, 격식 있는 회의나 발표에서 "Let's proceed to the next item."이라고 쓸 수도 있습니다. 'move on'보다 약간 더 격식 있는 느낌입니다.

실전은 이렇게!

A Let's move on to the next item.
B Before we do, I'd like to ask a question about the previous item. Can you clarify something for me?

A 다음 주제에 대해 말씀을 나누시죠.
B 잠시 그 전에, 아까 논의한 것에 대해 궁금한 게 있어서 질문을 하나 드릴게요. 좀 더 명확히 설명해 주실 수 있을까요?

UNIT 06 합의를 이루게 되어 기쁩니다.

일상 표현

Great that we are on the same page.
합의를 이루게 되어 기쁩니다.

비즈니스 표현

I'm glad we were able to come to an agreement.
합의를 이루게 되어 기쁩니다.

어떠한 주제나 안건에 대하여 상대방과 같은 생각을 하고 있음을 의미할 때에는 'be on the same page'라는 표현을 자주 사용합니다. 두 표현 모두 쓸 수 있지만, 좀 더 격식 있게 표현해야 하는 자리라면 "I'm glad we were able to come to an agreement."라고 표현할 수 있습니다. 'agreement'라는 구체적인 단어를 사용하여 더 격식 있게 들립니다.

실전은 이렇게!

A I'm glad we were able to come to an agreement.
B Yes, I think it's a great deal for both parties.

A 합의를 이루게 되어 기쁩니다.
B 네, 양쪽 모두에게 좋은 거래라고 생각합니다.

UNIT 07　어떻게 생각하세요?

일상 표현

What do you think?
어떻게 생각하세요?

비즈니스 표현

Do you have any input on this?
이 건에 대해 의견 있으세요?

상대방의 의견을 구할 때 "What do you think?"라고 물어볼 수 있는데, 이는 다소 직설적이고 캐주얼한 느낌을 줍니다. 동료나 팀원에게 빠르게 의견을 물을 때 유용하지만, 상황에 따라 좀 더 공식적인 회의나 프레젠테이션에서는 부적절할 수 있습니다. 더 프로페셔널하게 말하고 싶다면, "Do you have any input on this?"라고 말할 수 있습니다. input이라는 단어를 사용함으로써, 상대방에게 구체적인 의견이나 피드백을 요청하는 느낌을 전달할 수 있습니다. 비즈니스 환경에서 자주 사용되는 표현으로, 회의 또는 이메일에서 의견을 구할 때 적합합니다. "What do you think?"보다 더 부드럽고 격식 있는 느낌을 줍니다.

실전은 이렇게!

A Could we have a chat about the project? Do you have any input on this?
B Sure, I am available. What would you like to discuss?

A 이 프로젝트에 대해 이야기해 볼까요? 이 건에 대해 의견 있으세요?
B 네, 지금 시간 됩니다. 어떤 것에 대해 이야기할까요?

UNIT 08

이렇게 하는 것 다들 괜찮으시죠?

일상 표현

Is that okay with you all?
이렇게 하는 것 다들 괜찮으시죠?

비즈니스 표현

Does anyone have any concerns or suggestions?
누구든지 우려되는 점이나 제안하실 것이 있으신가요?

결정된 사항 등에 대하여 상대방의 동의를 구할 때 사용할 수 있는 표현입니다. 간단하게 "Is that okay with you all?" 또는 "Does that sound good to you?"라고 물어보는 것도 좋지만, 좀 더 프로페셔널하게 말하고 싶다면 "Does anyone have any concerns or suggestions?"라고 물어볼 수 있습니다. 이때에는 '우려되는 점(concerns)', '제안(suggestions)', '질문(questions)' 등의 단어를 사용할 수 있습니다.

실전은 이렇게!

A So, we're thinking about implementing this new policy. Does anyone have any concerns or suggestions?

B I think it's a good idea, but I'm worried about the potential backlash from the public. We might need to consider how we can communicate this effectively.

A 그래서, 우리는 이 새로운 정책을 시행하려고 생각 중입니다. 누구든지 우려되는 점이나 제안하실 것이 있으신가요?

B 좋은 아이디어라고 생각하지만, 대중으로부터의 반발이 우려됩니다. 이것을 효과적으로 전달할 방법을 고려해야 할 필요가 있을 것 같습니다.

UNIT 09

집중해 주세요.

일상 표현

Let's focus.
집중해 주세요.

비즈니스 표현

Let's stay on track.
본론에 집중합시다.

미팅이나 논의 중에 주제에서 벗어난 대화를 하게 되는 경우가 있습니다. 다시 주제로 돌아와서 대화를 나누자고 말하고 싶을 때, 캐주얼하고 간단하게 "Let's focus."라고 말할 수도 있습니다. 회의 중에 사람들이 산만해질 때 일반적으로 사용할 수 있는 표현이지만, 구체적으로 무엇에 집중해야 하는지는 명시하지 않습니다. 좀 더 프로페셔널하게 표현할 때는 "Let's stay on track." 또는 "Let's focus on the topic."이라고 말할 수 있습니다. "Let's stay on track."은 목표나 주제에서 벗어날 때 다시 집중시키기 위해 사용할 수 있고, "Let's focus on the topic."은 어떤 특정 주제나 문제에 집중하자는 의미로, 좀 더 구체적이고 명확한 지침을 제공할 수 있습니다.

실전은 이렇게!

A I understand your point, but we're getting into details that aren't part of today's agenda.
B You're right. Let's stay on track and focus on the main issue.

A 말씀하신 내용은 이해하지만, 지금은 오늘의 안건에서 벗어난 사항 같아요.
B 그러네요. 본론에 집중하면서 흐름을 유지하시죠.

UNIT 10

잠시만요.

일상 표현

Give me a second.
잠시만요.

비즈니스 표현

Just a moment, please.
잠시만요.

발언 또는 답변을 해야 하는데 아직 준비가 되지 않았을 때, 좀 더 시간을 달라는 의미로 사용할 수 있는 표현입니다. 또는, 업무 중에 잠시 기다려 달라는 의미로도 사용할 수 있습니다. "Give me a second." 또는 "Give me a minute."이라고 간단하게 시간을 달라고 말할 수도 있지만, 좀 더 공손한 표현을 원한다면 please를 붙여 "Just a moment, please."라고 표현할 수 있습니다.

실전은 이렇게!

A Just a moment, please.
B Sure, take your time. Let me know if you need any assistance.

A 잠시만요.
B 물론이죠, 천천히 하세요. 도움이 필요하면 말씀해 주세요.

UNIT 11

OO님께서 열심히 해 주신 덕분입니다.

일상 표현

Jenny worked really hard on this project!
제니님께서 열심히 해 주신 덕분입니다.

비즈니스 표현

I'd like to acknowledge the hard work that Jenny has put into this project.
본 프로젝트에 제니님이 해주신 노력을 다시 한번 상기시키고 싶습니다.

사람들에게 누군가의 노력을 인정하고 칭찬하고 싶을 때 쓸 수 있는 표현입니다. 주로 발표나 미팅에 앞서서 모두에게 사람을 소개할 때 사용됩니다. 이때 'before the presentation(프레젠테이션을 하기에 앞서)', 'before we start(시작하기에 앞서)'라는 표현으로 시작할 수 있습니다. 이런 공식적인 자리에서 말을 할 때는 직접적인 표현보다는 완곡하게 말하는 것이 좋습니다.

실전은 이렇게!

A I'd like to acknowledge the hard work that John has put into this project.
B Absolutely, he's really gone above and beyond. I think he deserves some recognition for that.

A 본 프로젝트에 존 님이 해주신 노력을 다시 한번 상기시키고 싶습니다.
B 맞아요, 그는 정말로 노력 그 이상을 이루어 냈습니다. 그 노력에 대한 인정이 필요한 것 같아요.

UNIT 12

제가 짧게 한 마디 덧붙여도 될까요?

일상 표현

Can I say something really quick?
제가 짧게 한 마디 덧붙여도 될까요?

비즈니스 표현

If I may, I would like to add a quick point.
실례지만, 제가 짧게 한 마디 덧붙이고 싶습니다.

상대방의 발표나 의견에 짧게 자신의 의견을 덧붙이고 싶을 때 사용할 수 있는 표현입니다. 그럴 때는 "Can I say something really quick?"라고 할 수 있습니다. 이때 더욱 공손함과 격식을 갖추기 위해 'If I may(괜찮으시다면, 실례지만)'를 덧붙여서 말하면 좋습니다. 즉, "If I may, I would like to add a quick point."가 더 격식을 차린 표현이라고 할 수 있습니다.

실전은 이렇게!

A If I may, I would like to add a quick point.
B Sure, go ahead. What do you want to add to the discussion?

A 실례지만, 제가 짧게 한 마디 덧붙이고 싶습니다.
B 네, 뭐든 말씀해 주세요. 논의에 추가하실 내용이 있나요?

BUSINESS

Chapter 6

프레젠테이션

UNIT 01

여러분, 안녕하세요!

일상 표현

Hey, everyone!
여러분, 안녕하세요!

비즈니스 표현

Good afternoon, ladies and gentlemen.
여러분, 안녕하십니까.

프레젠테이션을 시작하기에 앞서, 인사를 할 때 쓸 수 있는 표현입니다. 두 표현 모두 사용할 수 있지만, 격식을 차려야 하는 자리에서는 후자를 사용하는 것이 좋습니다. 'Hey'는 캐주얼한 표현으로, 격식을 차리지 않는 편한 자리에서 사용할 수 있습니다. 격식을 차릴 때에는 시간에 따라 "Good morning/afternoon/evening."이라는 표현을 인사로 사용할 수 있습니다.

실전은 이렇게!

A Good afternoon, ladies and gentlemen. Thank you for joining us for today's presentation.

B It's a pleasure to be here. Thank you for inviting me.

A 여러분, 안녕하세요. 오늘의 발표에 참석해 주셔서 감사합니다.

B 여기에 오게 되어 정말 기쁩니다. 초대해 주셔서 감사합니다.

UNIT 02   간단히 제 소개를 하겠습니다.

일상 표현

A little bit about myself.
간단히 제 소개를 하겠습니다.

비즈니스 표현

I would like to take a moment to introduce myself.
간단히 제 소개를 하겠습니다.

발표자로서 자신을 소개할 때 쓸 수 있는 표현들입니다. "A little bit about myself."은 캐주얼한 표현으로, 공식적인 발표 자리에는 어울리지 않습니다. 격식 있는 표현으로는 "I would like to take a moment to introduce myself.(잠시 시간을 내어 저를 소개해 보도록 하겠습니다.)"라고 말할 수 있습니다. 또는 "Allow me to introduce myself.(제 소개를 하겠습니다.)"라고도 표현할 수 있습니다.

> **실전은 이렇게!**
>
> **A** Good morning everyone, and welcome to this presentation. I would like to take a moment to introduce myself. My name is Jane and I'm the project manager for this initiative.
>
> **A** 안녕하세요 여러분, 이 발표에 오신 것을 환영합니다. 간단히 제 소개를 하겠습니다. 제 이름은 제인이며, 이 이니셔티브(프로젝트)의 프로젝트 매니저입니다.

UNIT 03

다음 슬라이드로 넘겨 주세요.

일상 표현

Next slide, please.
다음 슬라이드로 넘겨 주세요.

비즈니스 표현

Let's move on to the next slide.
다음 슬라이드로 넘겨 주세요.

프레젠테이션을 진행할 때, 타인이 프레젠테이션의 슬라이드를 넘겨 주는 경우가 있습니다. 서로의 신호를 정하여 말하지 않고도 슬라이드를 넘길 수 있는 것이 좋지만, 혹시 말을 해야 하는 상황일 때 사용할 수 있는 표현입니다.

간단하게 "Next slide, please."라고 해도 좋지만, 조금 더 격식 있는 표현을 해야 하는 자리라면 "Let's move on to the next slide."라고 말할 수 있습니다.

실전은 이렇게!

A Let's move on to the next slide, where we will discuss our plans for expansion into international markets.

A 다음 슬라이드로 넘겨 주세요. 여기서는 국제 시장으로의 확장 계획에 대해 논의하겠습니다.

UNIT 04

오늘의 주제는 A입니다.

일상 표현

Today's topic is A.
오늘의 주제는 A입니다.

비즈니스 표현

Today, we will be discussing A.
오늘은 A에 대하여 논의를 해 보겠습니다.

프레젠테이션 시작 전에 주제에 대하여 소개하는 표현입니다. '오늘의 주제'를 직접 언급하여 간단하게 "Today's topic is A."라고 말하는 것도 좋지만, 좀 더 프로페셔널하게 말하고 싶다면 "We will be discussing A."라고 표현할 수 있습니다. 비슷한 표현으로는 "Today, I'll be talking about A.(오늘은 A에 대하여 말해 보도록 하겠습니다.)"라고도 할 수 있습니다.

실전은 이렇게!

A Good morning, and welcome. Today, we will be discussing the impact of social media on marketing strategies. In the next few minutes, we'll explore…

A 안녕하세요, 환영합니다. 오늘은 마케팅 전략에 미치는 소셜 미디어의 영향에 대하여 논의를 해 보겠습니다. 앞으로 몇 분 동안 우리가 살펴볼 것은…

UNIT 05

그 점을 좀 더 자세히 말씀드리겠습니다.

일상 표현
Let me tell you more about that point.
그 점을 좀 더 자세히 말씀드리겠습니다.

비즈니스 표현
Let me clarify that point.
그 점을 명확히 말씀드리겠습니다.

이미 언급했던 주제에 대하여 더욱 명확히 하거나 부연 설명을 덧붙일 때 쓸 수 있는 표현입니다. "Let me tell you more about that point."라고 표현할 수도 있지만, 좀 더 구체적인 동사를 써서 프로페셔널하게 표현하고 싶다면 "Let me clarify that point."라고 말하는 것이 좋습니다. 이는 주제를 좀 더 명확히 할 때 쓸 수 있는 표현입니다. 비슷한 표현으로 "Let me elaborate on that point."가 있는데, 추가적으로 세부 정보를 주면서 구체적으로 설명을 덧붙일 때 사용할 수 있습니다.

실전은 이렇게!

A Let me clarify that point I made earlier. What I meant was that we need to focus on improving our customer service.
B Thank you for clarifying. I agree that improving customer service should be a top priority for us.

A 이전에 했던 말을 명확히 하겠습니다. 제가 의미하고자 한 것은 우리가 고객 서비스 개선에 초점을 맞추어야 한다는 것입니다.
B 명확히 해 주셔서 감사합니다. 고객 서비스 개선이 우리에게 최우선 과제여야 한다는 것에 동의합니다.

UNIT 06

이 그래프/차트/표를 보십시오.

일상 표현

Look at this graph/chart/table.
이 그래프/차트/표를 보십시오.

비즈니스 표현

Let's take a look at this graph/chart/table.
이 그래프/차트/를 한번 봐주십시오.

프레젠테이션 도중에 어떠한 그래프나 차트, 테이블 등으로 청중들의 시선을 집중시킬 때 사용할 수 있는 표현입니다. "이제 이 그래프를 봐 주세요."라고 말할 때, 그냥 "Look at this graph."라고 말할 수도 있지만, 이는 지시형 문장이므로 상황에 따라 직접적으로 느껴질 수 있습니다. 따라서 이 표현은 편한 대화나 덜 공식적인 상황에서는 사용할 수 있지만, 외부 고객이나 상급자 앞에서는 피하는 것이 좋습니다.

실전은 이렇게!

> A Let's take a look at this chart to better understand the trend. As you can see, there's been steady growth over the past three quarters.
>
> A 이 트렌드의 이해를 돕기 위해 차트를 함께 살펴보겠습니다. 보시다시피, 지난 3분기 동안 연속으로 꾸준한 성장이 있었습니다.

UNIT 07 말씀드렸던 부분을 다시 한번 빠르게 설명해 드리겠습니다.

일상 표현
Just wanted to quickly go over what I said earlier.
말씀드렸던 부분을 다시 한번 빠르게 설명해 드리겠습니다.

비즈니스 표현
Let me briefly summarize the points I covered earlier.
말씀드렸던 부분을 다시 한번 간단히 설명해 드리겠습니다.

언급했던 내용에 대하여 다시 한번 설명을 할 때 쓸 수 있는 표현입니다. 'go over'라는 표현을 사용하여 직접적으로 "Just wanted to quickly go over what I said earlier."라고 말할 수 있습니다. 이보다 좀 더 구체적이고 프로페셔널하게 표현할 때는 summarize(요약하다)라는 단어를 써서 "Let me briefly summarize the points I covered earlier."라고 하면 됩니다. "I would like to revisit the key points I mentioned earlier."라고 말하는 것도 프로페셔널하게 들립니다. 여기서 revisit은 '다시 검토하다, 되짚다, 다시 살펴보다'라는 의미로, 이미 언급했던 내용이나 아이디어를 다시 언급하고 정리하거나 강조하고 싶을 때 사용하는 표현입니다.

실전은 이렇게!

A Let me briefly summarize the points I covered earlier. We discussed the key challenges faced by our team and identified potential solutions. By addressing these issues, we can…

A 앞서 말씀드린 내용을 간단히 요약해 보겠습니다. 저희 팀이 직면한 주요 과제들을 논의했고, 이에 대한 가능한 해결책들을 모색했습니다. 이러한 문제들을 해결함으로써, 저희는 …

UNIT 08

그건 잠시 후에 다시 짚어 보도록 해요.

일상 표현

We'll get to that in a bit.
그건 잠시 후에 다시 짚어 보도록 해요.

비즈니스 표현

Let's table that point for now and revisit it later in the presentation.
그 부분은 잠시 넘어가고 발표 말미에 다시 다루도록 하겠습니다.

발표 도중에 질문이 나오거나 설명을 덧붙여야 하는 경우, 잠시 후에 다시 언급하겠다고 말할 때 "We'll get to that in a bit."이라고 할 수 있습니다. 그런데 이 표현은 다소 직접적이고 공식적이지 않은 표현입니다. 어떠한 주제를 잠시 보류시킬 때 좀 더 격식 있게 말하려면 table(미루다, 연기하다)이라는 동사를 사용하고, 보류한 내용을 다시 돌아와서 논의할 때는 'circle back'이라는 표현을 씁니다. "We'll circle back to that later."이라고도 말할 수 있습니다.

실전은 이렇게!

A Let's table that point for now and revisit it later in the presentation.
B Sure, let's discuss it when we have more time to review the details.

A 그 부분은 잠시 넘어가고 발표 말미에 다시 다루도록 하겠습니다.
B 알겠습니다. 세부 사항을 검토할 수 있는 충분한 시간이 있을 때 다시 논의합시다.

UNIT 09

이 점을 꼭 명심해 주세요.

일상 표현

Don't forget this point.
이 점을 꼭 명심해 주세요.

비즈니스 표현

It's important that we keep this point in our focus moving forward.
앞으로도 이 점에 계속 집중하는 것이 중요합니다.

발표에서 중요한 포인트를 언급한 후에, 이를 반드시 명심해야 한다는 것을 전달하고 싶을 때 사용할 수 있는 표현입니다. "Don't forget this point." 또는 "Let's not forget this point."라고 하면 간단하게 표현할 수 있지만, 격식 있게 들리지 않습니다. 프로페셔널하게 말하고 싶다면 "It's important that we keep this point in our focus moving forward."라고 하면 됩니다.

실전은 이렇게!

A As we navigate the challenges ahead, it's important that we keep this point in our focus moving forward. By prioritizing this aspect, we can align our efforts and ensure our strategies remain on track for success.

A 향후 과제들을 처리해 나가면서, 앞으로도 이 점에 계속 집중하는 것이 중요합니다. 이 요소에 우선순위를 두면, 우리의 노력을 한 방향으로 정렬시키고 전략이 성공적인 방향으로 나아가도록 할 수 있습니다.

UNIT 10

우선, 이 부분을 강조하고 싶습니다.

일상 표현

First, I want to stress this part.
우선, 이 부분을 강조하고 싶습니다.

비즈니스 표현

First and foremost, I want to emphasize this part.
가장 먼저, 이 부분을 강조하고 싶습니다.

발표 중에 어떤 부분을 강조하고 싶다고 말할 때 사용할 수 있는 표현입니다. 이때, "I want to stress this part."라고 간단하게 표현할 수도 있지만, "I want to emphasize this part."와 같이 좀 더 구체적인 단어를 사용하여 프로페셔널하게 말할 수도 있습니다. 'first and foremost'는 '가장 먼저'라는 의미를 강조합니다.

실전은 이렇게!

A First and foremost, I want to emphasize the importance of safety in the workplace. As you all know, safety is our top priority here at DF Corporation, and we're committed to ensuring that every employee goes home safely at the end of the day. Let's take a moment to review some of the safety protocols we have in place.

A 가장 먼저, 직장 내 안전의 중요성을 강조하고 싶습니다. 모두 알다시피 안전은 DF 기업에서 최우선 가치이며, 매일 집에 안전하게 돌아가는 것이 우리의 목표입니다. 약간의 시간을 내어 안전 프로토콜 중 일부를 검토해 봅시다.

UNIT 11 들어 주셔서 감사합니다.

일상 표현

Thanks for listening.
들어 주셔서 감사합니다.

비즈니스 표현

Thank you for your attention.
경청해 주셔서 감사합니다.

발표의 마지막에 경청해 줘서 감사하다는 말을 할 때 쓸 수 있는 표현들입니다. 간단하게 "Thanks for listening."이라고 말할 수도 있지만, 좀 더 격식 있게 표현하고 싶다면 "Thank you for your attention."이라고 할 수 있습니다. 이는 "주목해 주셔서(경청해 주셔서) 감사합니다."라는 의미입니다. 이때 'Thank you' 대신에 더 격식 있는 'I appreciate'를 쓸 수 있습니다.

> **실전은 이렇게!**
>
> **A** Thank you for your attention. I hope you found this presentation informative and engaging. If you have any questions or comments, please feel free to reach out to me after the presentation. Have a great day!
>
> **A** 경청해 주셔서 감사합니다. 이번 발표가 유익하고 흥미로웠기를 바랍니다. 발표 이후에 질문이나 의견이 있으시면 언제든지 연락해 주세요. 좋은 하루 보내세요!

UNIT 12

질문이 있으시면 편하게 말씀해 주세요.

일상 표현

If you have any questions, just ask away.
질문이 있으시면 편하게 말씀해 주세요.

비즈니스 표현

If you have any questions, please don't hesitate to ask.
질문이 있으시면 편하게 말씀해 주세요.

프레젠테이션 말미에 청중들로부터 질문을 받을 때 사용할 수 있는 표현입니다. "If you have any questions,(질문이 있다면)"이라는 표현으로 시작하며, 뒷부분은 캐주얼하게 "just ask away(물어보세요)"라고 표현할 수 있습니다. 이보다 더 격식 있는 표현을 하고 싶다면, "please don't hesitate to ask."라고 말할 수 있습니다.

실전은 이렇게!

A If you have any questions, please don't hesitate to ask.
B Actually, I do have a question. Could you explain that concept again?

A 질문이 있으시면 편하게 말씀해 주세요.
B 사실, 궁금한 게 있습니다. 그 개념을 다시 설명해 주실 수 있을까요?

UNIT 13

우리 계획에 굉장히 중요한 내용입니다.

일상 표현

This is really important for our plan.
우리 계획에 굉장히 중요한 내용입니다.

비즈니스 표현

This is a crucial aspect of our strategy.
이것은 우리 전략에 굉장히 중요한 내용입니다.

발표 중에 어떠한 내용이 굉장히 중요한 부분이라는 것을 강조하고 싶을 때 사용할 수 있는 표현입니다. 간단하게는 "This is really important for our plan."이라고 말할 수도 있지만, 더 구체적이고 프로페셔널한 표현을 사용하고 싶다면 'important' 대신 'crucial aspect(중요한 관점)'를 쓸 수 있습니다. 'plan'도 'strategy(전략)'이라고 바꾸어 "This is a crucial aspect of our strategy."라고 하면 비즈니스에 더욱 적합합니다.

실전은 이렇게!

A This is a crucial aspect of our strategy.
B I agree. We need to make sure we focus on it and allocate the necessary resources.

A 이것은 우리 전략에 굉장히 중요한 내용입니다.
B 동의합니다. 우리는 그것에 집중하고 필요한 자원을 배정해야 합니다.

UNIT 14

이것에 대해 생각해 봐야 합니다.

일상 표현

We need to think about this.
이것에 대해 생각해 봐야 합니다.

비즈니스 표현

We need to take this into consideration.
이것을 고려해 볼 필요가 있습니다.

청중에게 어떤 주제에 대해 좀 더 생각하고 고려해 보아야 한다는 것을 전달할 때 사용할 수 있는 표현입니다. 단순히 "We need to think about this."라고 해도 되지만, 좀 더 격식 있고 프로페셔널한 표현을 하고 싶다면 think를 'take into consideration(고려하다)'으로 바꾸어 "We need to take this into consideration."이라고 말하는 것도 좋습니다.

실전은 이렇게!

A We need to take this into consideration.
B Absolutely. It could have a big impact on our project's success, so we can't ignore it.

A 이것을 고려해 볼 필요가 있습니다.
B 맞습니다. 이것이 프로젝트의 성공에 큰 영향을 미칠 수 있으므로 무시할 수 없어요.

UNIT 15

지금부터는 이 내용을 논의해 봅시다.

일상 표현

From now on, let's check this out.
지금부터는 이 내용을 논의해 봅시다.

비즈니스 표현

Moving forward, let's examine this.
나아가 이 내용을 논의해 봅시다.

하나의 주제에 대한 발표가 끝나고 새로운 주제에 대해 자세히 설명하기 전에 쓸 수 있는 표현입니다. 이 내용을 캐주얼하고 편하게 전달하고 싶다면 "Let's check this out."이라는 표현을 사용할 수 있습니다. 좀 더 격식 있는 표현을 하고 싶다면 examine(조사하다, 자세히 보다)이라는 동사를 사용해서 "Let's examine this."라고 할 수 있습니다.

실전은 이렇게!

A Moving forward, let's examine this. We need to implement these changes to improve our productivity.

B I agree. Do you think we should schedule a meeting to discuss how we can make these changes happen?

A 나아가 이 내용을 논의해 봅시다. 생산성을 높이기 위해 이러한 변화를 도입해야 해요.

B 동의합니다. 이러한 변화를 어떻게 실현할 수 있는지 논의하기 위해 회의를 잡을까요?

UNIT 16

이 프로젝트에 우리 팀은 최선을 다했습니다.

일상 표현

We worked really hard on this project.
이 프로젝트에 우리 팀은 최선을 다했습니다.

비즈니스 표현

Our team has put a lot of effort into this project.
이 프로젝트에 우리 팀은 최선을 다했습니다.

두 표현 모두 어떤 과제나 프로젝트를 팀이 열심히 수행했다는 것을 강조하고 싶을 때 사용할 수 있는 표현입니다. 간단하게 'work really hard'라고 표현해도 되지만, 'put a lot of effort into ~(~에 많은 노력을 하다)'라고 구체적으로 표현하면 좀 더 프로페셔널하게 들립니다. "Our team has put a lot of effort into this project."라고 하는 것이 좀 더 격식 있게 들립니다.

실전은 이렇게!

A Our team has put a lot of effort into this project.
B Yes, I can see that. The final product looks great. I think we should celebrate our success.

A 이 프로젝트에 우리 팀은 최선을 다했습니다.
B 네, 잘 알겠습니다. 최종 제품이 멋지게 나왔어요. 성공을 축하하는 것이 좋겠어요.

UNIT 17
이 문제에 대한 해결책을 제시해 드리겠습니다.

일상 표현

Let me give you a solution for this problem.
이 문제에 대한 해결책을 제시해 드리겠습니다.

비즈니스 표현

I'd like to propose a solution to this issue.
이 문제에 대한 해결책을 제시해 드리겠습니다.

어떠한 문제에 대하여 해결책을 제시하고 싶을 때 사용할 수 있는 표현입니다. 두 표현 모두 좋지만, "Let me give you a solution for this problem."은 좀 더 직설적인 표현이며, "I'd like to propose a solution to this issue."라고 하면 좀 더 격식 있게 표현할 수 있습니다. 구체적으로 어떠한 문제인지 언급할 때는 "I'd like to propose a solution to this issue of declining sales.(감소하는 매출에 대한 해결책을 제안하고 싶습니다.)"와 같이 표현할 수 있습니다.

실전은 이렇게!

A I'd like to propose a solution to this issue.
B That's a great idea. What do you suggest we do to address this problem?
A 이 문제에 대한 해결책을 제시해 드리겠습니다.
B 좋은 생각이에요. 이 문제를 해결하기 위해 우리가 어떻게 해야 할까요?

UNIT 18

이 그래프는 우리의 진행 상황을 보여줍니다.

일상 표현

This graph shows how we're doing.
이 그래프는 우리의 진행 상황을 보여 줍니다.

비즈니스 표현

This graph illustrates our progress.
이 그래프는 우리의 진행 상황을 보여 줍니다.

특정 진행 상황을 나타내는 그래프를 설명할 때 사용할 수 있는 표현입니다. "This graph shows how we're doing."이라고 캐주얼하게 말할 수도 있지만, 좀 더 구체적인 표현과 단어를 사용하는 것이 더 프로페셔널하게 들립니다. '보여주다'라는 의미로 'show' 대신 'illustrate'를 써서 "This graph illustrates our progress."라고 해 주면 더욱 격식 있고 구체적입니다.

실전은 이렇게!

A This graph illustrates our progress.
B I can see we're making good progress. Do you think we can improve our results even further?

A 이 그래프는 우리의 진행 상황을 보여 줍니다.
B 우리가 좋은 진척을 이루고 있군요. 더 좋은 결과를 얻기 위해 노력할 수 있을까요?

UNIT 19

맥락을 먼저 설명해 드리겠습니다.

일상 표현

Let me give you some context first.
맥락을 먼저 설명해 드리겠습니다.

비즈니스 표현

I would like to start by providing some background information on this.
이와 관련한 배경 설명을 먼저 드리겠습니다.

두 표현 모두 어떠한 맥락(context)이나 배경(background information) 등을 전달할 때 사용할 수 있는 표현입니다. 둘 다 사용해도 되는 문장이지만, 'I would like to ~(~를 하고 싶습니다)'라는 표현을 쓰면 훨씬 더 격식 있고 공손한 표현이 됩니다. 이는 메시지를 간접적으로 표현하므로 격식을 갖추어야 하는 자리에 더 어울리는 표현입니다.

실전은 이렇게!

> A I would like to start by providing some background information on our company's history and how we got to where we are today.
>
> B That sounds like a great way to start. I'm interested in learning more about your company's journey.
>
> A 우리 회사의 역사와 현재까지의 여정에 대해 배경 설명을 먼저 드리겠습니다.
>
> B 시작하기에 좋은 방법이네요. 귀사가 해 온 일에 대해 더 알고 싶습니다.

UNIT 20

이 과정을 설명해 드리겠습니다.

일상 표현

Let me show you how this works.
이 과정을 설명해 드리겠습니다.

비즈니스 표현

Let me demonstrate this process step by step.
이 과정을 단계별로 설명해 드리겠습니다.

언급되었던 주제에 대하여 그 과정을 세부적으로 설명해 주고 싶을 때 사용할 수 있는 표현입니다. 자세한 과정을 설명해 주겠다는 말로 "Let me show ~"라고 할 수도 있지만, 좀 더 구체적인 단어를 사용하여 "Let me demonstrate ~"이라고 하면 훨씬 격식 있고 프로페셔널하게 들립니다. 여기서 'step by step'은 '단계별로', '자세하게'라는 의미로 사용되었습니다.

실전은 이렇게!

A Let me demonstrate this process step by step. First, we'll begin with the initial setup, followed by the key actions required at each stage…

A 이 과정을 단계별로 설명해 드리겠습니다. 가장 먼저, 우리는 초기 셋업을 하고 각 과정마다 요구되는 주요 액션들을 수행할 예정이며…

UNIT 21

다르게 생각을 해 봅시다.

Let's look at this differently.
다르게 생각을 해 봅시다.

Let's approach this from a different perspective.
다른 관점에서 생각을 해 봅시다.

어떤 것을 다른 관점에서 바라보자는 의미로 "Let's look at this differently."라고 표현하는 것도 좋지만, 좀 더 구체적이고 격식 있는 표현을 원한다면 'approach(접근하다)'와 'perspective(관점)'를 사용하여 "Let's approach this from a different perspective." 또는 "Let's look at it from a different perspective."라고 표현할 수 있습니다. 참고로, "Let's explore this in a new light."도 같은 의미로 사용할 수 있습니다.

실전은 이렇게!

A I think we've hit a bit of a roadblock with our current strategy. So let's approach this topic from a different perspective. Maybe we can find some new solutions that we haven't considered before.

A 우리는 현재 전략에서 약간의 문제점을 겪고 있다고 생각합니다. 그래서 우리는 이 주제를 다른 관점에서 생각해 보는 것이 좋겠습니다. 우리가 이전에 생각하지 못한 새로운 해결책을 찾을 수 있을 겁니다.

UNIT 22

이것이 우리가 지금까지 논의한 내용입니다.

 일상 표현
Here's what we've got so far.
이것이 우리가 지금까지 논의한 내용입니다.

 **비즈니스 표현**
Let me recap the main points we've covered.
오늘 논의했던 주요 포인트들을 다시 한번 간략하게 되짚어 보겠습니다.

발표의 말미에 여태까지 논의했던 내용들을 간단히 되짚어 보는 경우에 사용할 수 있는 표현입니다. 간단하게 "Here's what we've got so far."라고 할 수도 있지만, 좀 더 구체적인 단어를 사용하여 "Let me recap the main points we've covered."라고 하면 격식 있고 프로페셔널하게 들립니다. 또는 "Here's a brief summary of what we've talked about."이라고 표현할 수도 있습니다.

실전은 이렇게!

A Let me recap the main points we've covered. We discussed the challenges faced by our team and outlined the strategies to overcome them.

A 오늘 논의했던 주요 포인트들을 다시 한번 간략하게 되짚어 보겠습니다. 우리는 팀이 마주한 어려운 상황들과 이들을 극복하기 위한 전략들을 정리해 보았습니다.

UNIT 23

여기까지입니다.

일상 표현

That's it from me.
여기까지입니다.

비즈니스 표현

Let's wrap up.
마무리합시다.

프레젠테이션을 마무리할 때 사용할 수 있는 표현입니다. "That's it from me."는 "제가 말할 내용은 여기까지입니다."라고 캐주얼하고 편한 자리에서 쓸 수 있습니다. 비즈니스 상황에서는 이보다 "Let's wrap up."이라는 표현을 더 자주 사용합니다. 이보다도 훨씬 격식 있는 표현을 사용해야 한다면 "Let us conclude our discussion.(논의를 이제 마무리하도록 하겠습니다.)"이라고 할 수도 있습니다. 다만 이 표현은 자주 사용되지는 않는 편입니다.

실전은 이렇게!

A Let's wrap up our discussion by summarizing the main points we have covered and highlighting their importance in achieving our goals.

A 저희가 다룬 주요 내용을 요약하고 목표를 달성하는 데 중요성을 강조하면서 토론을 마무리합시다.

UNIT 24

이 발표를 할 수 있게 초대해 주셔서 감사합니다.

일상 표현

Thanks for inviting me to speak at this presentation.
이 발표를 할 수 있게 초대해 주셔서 감사합니다.

비즈니스 표현

I appreciate the opportunity to speak at this presentation.
이렇게 발표할 기회를 주셔서 감사합니다.

발표를 시작하거나 마무리할 때, 초대해 준 관계자들에게 감사를 표하는 경우에 사용할 수 있는 표현입니다. 감사를 표현할 때는 "Thank you"도 좋지만, 좀 더 격식 있는 표현을 하고 싶다면 "I appreciate"이라고 합니다. 이보다 더 격식 있는 표현을 하고 싶다면 "I'm honored to have been invited to speak at this prestigious event.(이렇게 특별한 이벤트에 초대받아 말할 수 있어서 정말 영광입니다.)"라고 말할 수 있습니다.

실전은 이렇게!

A I appreciate the opportunity to speak at this presentation. I look forward to engaging in meaningful discussions and fostering a valuable exchange of ideas during our time together.

A 이렇게 발표할 기회를 주셔서 감사합니다. 함께하는 이 시간 동안 의미 있는 토론에 참여하고 가치 있는 아이디어 교환을 할 것이 매우 기대가 됩니다.

BUSINESS

Chapter 7

이메일

UNIT 01

어떻게 지내세요?

일상 표현

How are you?
어떻게 지내세요?

비즈니스 표현

I hope this email finds you well.
이 이메일이 잘 전달되기를 바랍니다.

두 표현 모두 상대방의 안부를 묻는 표현입니다. 상대방과 직접 대면하여 안부를 물을 때에는 "How are you?"와 같이 비교적 캐주얼한 표현을 사용할 수 있지만, 이메일을 통해 연락을 취할 때에는 "I hope this email finds you well."과 같이 격식 있는 표현을 사용하는 것이 일반적입니다.

실전은 이렇게!

A Dear Jenny,
I hope this email finds you well. I am writing to follow up on our previous discussion regarding the project timeline.

A 안녕하세요 제니 님,
이 이메일이 잘 전달되기를 바랍니다. 저는 이전에 프로젝트 일정에 관한 대화를 나눈 바 있어, 이에 따라 후속 조치를 취하고자 이메일을 보내게 되었습니다.

UNIT 02

요청하신 문서를 보내 드릴게요.

일상 표현

Here are the documents you asked for.
요청하신 문서를 보내 드릴게요.

비즈니스 표현

Please find attached the documents you requested.
요청하신 문서를 첨부하였습니다.

두 표현 모두 "요청하신 문서를 보내 드렸습니다."라는 뜻입니다. 캐주얼한 표현으로는 'Here are ~'를 사용해서 "당신이 요청하신 문서가 여기 있습니다."라고 직접적으로 표현할 수 있습니다. 이러한 직접적인 표현도 최근 자주 사용되기는 하지만, 이메일에서 보다 격식 있게 표현하기 위해서는 'Please find ~(~에서 찾으실 수 있습니다)'를 쓸 수 있습니다.

실전은 이렇게!

A Please find attached the documents you requested. If you have any questions or concerns, please do not hesitate to contact me. I hope these documents will be helpful for your upcoming project.

A 요청하신 문서를 첨부하였습니다. 추가 문의나 우려 사항이 있으시면 언제든지 연락해 주시기 바랍니다. 이 문서들이 당신의 프로젝트에 도움이 되기를 바랍니다.

UNIT 03

빠른 답변 감사합니다.

일상 표현

Thank you for getting back to me so quickly.
빠른 답변 감사합니다.

비즈니스 표현

I appreciate your prompt response.
신속한 회신에 감사드립니다.

상대의 빠른 답변에 대해 감사를 표할 때는, 캐주얼하게 "Thank you for getting back to me so quickly."라고 쓸 수 있습니다. 이를 보다 격식 있게 표현하기 위해서는 "Thank you" 대신 "I appreciate"을 사용하여 "I appreciate your prompt response."라고 할 수 있습니다. quickly 대신 'timely manner'를 활용하여 "Thank you for getting back to me in a timely manner."라고 표현해도 좋습니다.

실전은 이렇게!

A I appreciate your prompt response. Your quick action helped move the project forward and I am grateful for your assistance.
Thank you again for your timely response.

A 신속한 회신에 감사드립니다. 신속한 조치로 프로젝트가 진전될 수 있었으며, 당신의 지원에 대해 감사드립니다. 다시 한번 신속한 회신에 감사드립니다.

UNIT 04

회의에 오실 수 있는지 알려 주시겠어요?

일상 표현

Can you let me know if you can make the meeting?
회의에 오실 수 있는지 알려 주시겠어요?

비즈니스 표현

Please confirm your availability for the meeting.
회의 참석 가능 여부를 확인 부탁드립니다.

회의에 참석이 가능한지 여부를 상대에게 이메일로 물어볼 때 사용할 수 있는 표현입니다. 캐주얼한 표현으로는 "Can you let me know ~?"를 활용해서 "나에게 ~을 알려 주시겠어요?"라고 말할 수 있습니다. 이를 보다 격식 있게 표현하고 싶다면 confirm(확인하다), availability(가능 여부) 등과 같이 구체적인 단어를 사용하여 "Please confirm your availability for the meeting."이라고 말할 수 있습니다.

실전은 이렇게!

A Please confirm your availability for the meeting we scheduled for next Wednesday at 11am. Please let me know if the proposed time works for you or if we need to make any adjustments to accommodate your schedule.

A 다음 주 수요일 오전 11시에 예정된 회의 일정에 대해 참석 가능 여부를 확인 부탁드립니다. 제안된 시간이 적합한지 또는 일정 조정이 필요한지 알려 주시기 바랍니다.

UNIT 05

빠른 회신을 기대합니다.

일상 표현

Can't wait to hear back from you.
빠른 회신을 기대합니다.

비즈니스 표현

I look forward to hearing from you soon.
빠른 회신을 기대합니다.

상대의 답변을 기대하고 있다는 것을 표현하기 위해 이메일의 말미에 사용할 수 있는 표현입니다. 'Can't wait to ~(~가 기대된다)'는 캐주얼한 느낌을 주는 표현으로, 보다 격식 있는 표현으로 사용하기 위해서는 'I look forward to ~'라고 하는 것이 좋습니다.

실전은 이렇게!

A Please let me know if you have any questions or need further information. I look forward to hearing from you soon.

A 궁금한 점이나 추가 정보가 필요하시면 언제든지 알려 주세요.
빠른 시일 내에 회신을 주시면 감사하겠습니다.

UNIT 06

시간이 있으실 때

일상 표현

whenever you have time
시간이 있으실 때

비즈니스 표현

at your earliest convenience
편하실 때

'whenever you have time'과 'at your earliest convenience' 모두 상대방에게 답변을 요청할 때 쓰이지만, 'whenever you have time'이 좀 더 캐주얼하고 편안한 톤을 가집니다. 상대방에게 부담을 주지 않으면서도 답변을 요청할 때 사용됩니다. 시간에 구애 받지 않는 느낌을 줄 수 있으므로, 중요도가 높은 업무나 기한이 정해진 상황에서는 적합하지 않을 수 있습니다.

한편, 'at your earliest convenience'는 상대방이 가능한 한 빨리 응답을 주기를 바란다는 뜻이지만, 상대방의 일정이나 상황을 고려하는 공손한 표현입니다. 특히 구어체보다는 이메일에서 자주 사용되는 편이며, 시간의 여유를 두면서도 어느 정도 긴급성을 내포하고 있습니다.

실전은 이렇게!

A I wanted to follow up on our previous discussion. At your earliest convenience, could you kindly confirm your availability for the upcoming meeting? It will help us finalize the schedule accordingly.

A 이전에 논의했던 내용에 대해 다시 확인드리고자 합니다. 편한 시간에 회의 참석 가능 여부를 알려 주실 수 있을까요? 이를 바탕으로 일정을 최종 확정하려고 합니다.

UNIT 07

업데이트 사항이 있나요?

일상 표현

Got any updates?
업데이트 사항이 있나요?

비즈니스 표현

Could you please provide me with any updates?
업데이트 사항이 있다면 말씀해 주시겠어요?

어떠한 주제에 대하여 업데이트 사항이 있는지 묻고 싶을 때 사용할 수 있는 표현입니다. 구두상으로 물어본다면 "Got any updates?" 또는 "Any updates?"라고 간단하게 물어보는 것도 괜찮지만, 이메일로 표현하고자 할 때는 격식 있게 "Could you please provide me with any updates?"라고 표현하는 것이 좋습니다.

실전은 이렇게!

A I am writing to kindly request any additional information you may have on the marketing strategy we've talked about. Could you please provide me with any updates?

A 말씀 나눴던 마케팅 전략에 대해 추가 정보가 있다면 부탁드리겠습니다. 업데이트 사항이 있다면 말씀해 주시겠어요?

UNIT 08

A에 대해 문의드립니다.

일상 표현

I wanted to ask about A.
A에 대해 문의드립니다.

비즈니스 표현

I am writing to inquire about A.
A에 대해 여쭙고자 메일을 씁니다.

이메일의 초반에 이메일을 쓰는 목적을 언급해 주는 것은 중요합니다. 어떤 것에 대하여 문의를 하기 위해 이메일을 쓴다고 할 때 위와 같은 표현들을 쓸 수 있습니다. 이메일을 쓰는 목적을 간단하게 언급하면 "I wanted to ask about A."라고 물어볼 수 있습니다. 이를 좀 더 격식 있게 표현하고 싶다면 'ask'보다 구체적인 'inquire'라는 단어를 사용하여 "I am writing to inquire about A."라고 말할 수 있습니다.

실전은 이렇게!

A I am writing to inquire about the product line. I would appreciate any information you could provide on this matter.

A 제품 라인에 대해 여쭙고자 메일을 씁니다. 이 건에 대한 정보를 제공해 주시면 감사하겠습니다.

UNIT 09

A를 송부해 주시겠어요?

일상 표현

Could you please send A to me?
A를 송부해 주시겠어요?

비즈니스 표현

I would appreciate it if you could send A to me.
A를 송부해 주시면 정말 감사하겠습니다.

상대에게 자료나 문서를 요청할 때 사용할 수 있는 표현입니다. 이를 'Could you please send A to me?'라고 표현하는 것도 좋지만, 보다 더 격식 있게 공손함을 갖추어야 하는 상황에서는 'I would appreciate it if ~(~해 주시면 정말 감사하겠습니다)'라는 표현을 사용할 수 있습니다.

실전은 이렇게!

A I would appreciate it if you could send the draft to me as soon as possible. Thank you in advance for your assistance.

A 초안을 최대한 빠른 시일 내에 저에게 송부 부탁드립니다. 미리 감사드립니다.

UNIT 10

이전에 얘기 나눈 바와 같이…

일상 표현

Like we talked about before…
이전에 얘기 나눈 바와 같이…

비즈니스 표현

As previously discussed…
이전에 논의한 바와 같이…

두 표현 모두 "이전에 얘기 나눈 바와 같이", "이전에 논의한 바와 같이"라는 뜻으로, 전에 논의하거나 언급했던 내용에 대해 이메일에서 다시 말하고자 할 때 사용할 수 있는 표현입니다. "Like we talked about before…"은 캐주얼한 느낌의 표현이며, 프로페셔널하고 격식을 갖추어 쓰고 싶다면 "As previously discussed…" 또는 "As we mentioned earlier…"라고 하면 됩니다.

실전은 이렇게!

A As previously discussed, I would like to schedule a meeting with you to discuss the new project. Please confirm your availability for the following dates and times.

A 이전에 논의한 바와 같이, 새로운 프로젝트에 대해 논의하기 위한 미팅 일정을 잡으려 합니다. 아래 날짜와 시간 중 가능한 것이 있는지 확인해 주시기 바랍니다.

UNIT 11

…를 말씀드릴 수 있어 기쁩니다.

일상 표현

I'm excited to tell you that…
…를 말씀드릴 수 있어 기쁩니다.

비즈니스 표현

I'm pleased to inform you that…
…를 알려 드리게 되어 기쁩니다.

채용 합격 소식 등 기쁜 소식을 알리는 이메일에서 쓸 수 있는 표현입니다. 어떠한 소식을 알리게 되어 기쁘다는 의미입니다. 어떤 말을 전달할 때 tell을 쓰면 너무 가벼워 보일 수 있습니다. '알리다'라는 뜻의 inform을 쓰면 훨씬 프로페셔널해 보입니다.

실전은 이렇게!

A I am pleased to inform you that your application has been approved. We are delighted to welcome you as a member of our team.

A 귀하의 지원서가 승인되었음을 알려 드리게 되어 기쁩니다. 당신을 우리 팀의 구성원으로 환영합니다.

UNIT 12

…을 참고하세요.

일상 표현

Just so you know…
…을 참고하세요.

비즈니스 표현

FYI,
…을 참고하시기 바랍니다.

두 표현 모두 상대에게 어떠한 내용을 참고해 달라고 할 때 쓸 수 있는 표현으로, 상대방이 바로 응답하거나 반응할 필요는 없다는 뉘앙스를 가집니다. 비즈니스 이메일에서는 상대방에게 불필요한 답변 없이 정보만 전달하고자 할 때 사용됩니다. 'Just so you know'는 부담 없는 방식으로 상대방에게 단순히 정보를 알리기 위한 목적으로 사용되는 캐주얼한 표현입니다. 'FYI'는 'For your information'의 약자로, 이메일에서 자주 사용됩니다. 또는, 더욱 격식 있는 표현으로 'Please be advised that …'이라고도 쓸 수 있습니다.

실전은 이렇게!

A I've attached the latest project update for your reference. FYI, we've made significant progress on the tasks outlined in the last meeting. Please let me know if you have any questions.

A 최신 프로젝트의 업데이트를 첨부합니다. 참고로, 지난 회의 때 말씀드린 작업들에 상당한 진전이 있었습니다. 궁금한 점이 있으시면 말씀해 주세요.

UNIT 13

…을 알려 드리려고요.

일상 표현

Just wanted to let you know that…
…을 알려 드리려고요.

비즈니스 표현

I am writing to inform you that…
…을 알려드리기 위해 이메일을 씁니다.

이메일의 시작에서 목적을 알릴 때 주로 사용되는 표현입니다. 어떠한 정보를 알리기 위해 이메일을 작성하였다고 말하는 것입니다. "Just wanted to let you know that…"처럼 'let you know'를 사용하면 캐주얼한 표현이 되는데, 좀 더 격식 있는 표현을 원한다면 구체적인 단어인 inform(알리다)을 사용할 수 있습니다.

실전은 이렇게!

A I am writing to inform you that there has been a change in the schedule for the upcoming meeting. The new date and time will be 10:00 a.m. on Monday, April 23rd.
Please let me know if this works for you and if you have any questions or concerns.

A 다가오는 회의 일정이 변경되었음을 알려 드리기 위해 이메일을 씁니다. 새로운 일정은 4월 23일 월요일 오전 10시입니다. 해당 일정이 가능한지, 추가 문의나 우려 사항이 있다면 언제든지 말씀해 주세요.

UNIT 14

이해해 주셔서 감사합니다.

일상 표현
Thanks for understanding.
이해해 주셔서 감사합니다.

비즈니스 표현
I appreciate your understanding.
이해해 주셔서 감사합니다.

상대방이 기다려 주거나 어떠한 상황을 양해해 준 것에 대하여 고마움이나 사과의 의미를 표현할 때 사용할 수 있습니다. 캐주얼한 상황이라면 'Thanks'와 같이 편한 표현을 사용할 수도 있지만, 보다 격식 있는 상황이라면 'I appreciate'이라는 표현을 사용해서 "I appreciate your understanding."으로 말하는 것이 좋습니다.

또한 'in this matter'을 덧붙여 "I appreciate your understanding in this matter."라고 정확히 어떠한 것에 감사함을 느끼는지 구체적으로 강조를 할 수 있습니다.

실전은 이렇게!

A Thank you for your patience as we work to resolve this matter. I appreciate your understanding.

A 문제를 해결하는 동안 기다려 주셔서 감사합니다. 이해해 주셔서 감사합니다.

UNIT 15

읽어 주셔서 감사합니다.

일상 표현

Thank you for reading this.
읽어 주셔서 감사합니다.

비즈니스 표현

Thank you for your time and consideration.
시간을 내어 관심을 가져 주셔서 감사합니다.

"귀중한 시간을 내어 읽어 주셔서 감사합니다."와 같은 표현은 주로 제안서나 요청서와 같은 중요한 문서를 제출한 후 피드백이나 답변을 요청하는 상황에서 사용됩니다. 상대방이 제안서나 요청서를 검토할 시간을 가졌을 것이라 예상하고, 그들의 의견이나 추가적인 질문을 기다리는 상황을 나타냅니다. 단순히 읽어 주셔서 감사하다고 "Thank you for reading this."라고 말하는 것보다는, "Thank you for your time and consideration"처럼 좀 더 격식 있게 말하는 것이 좋습니다. 상대방이 시간을 내어 문서를 읽고 검토해 준 것에 대해 감사의 뜻을 전하는 표현입니다.

실전은 이렇게!

A I look forward to hearing your thoughts on the proposal. If you need any further information or clarification, please let me know. Thank you for your time and consideration.

A 제안서에 대한 귀하의 의견을 기다리도록 하겠습니다. 혹시 추가 정보나 설명이 필요하시면 언제든지 말씀해 주세요. 시간을 내어 관심을 가져 주셔서 감사합니다.

UNIT 16

필요한 게 있으면 말씀해 주세요.

일상 표현

Let me know if you need anything.
필요한 게 있으면 말씀해 주세요.

비즈니스 표현

Please don't hesitate to reach out if you have any questions.
궁금한 점이 있으시면 언제든지 편하게 연락해 주세요.

"Let me know if you need anything."은 캐주얼한 표현으로, 주로 동료나 친한 팀원 사이에서 자주 쓰이며, 상대에게 "뭐 필요한 거 있으면 알려 주세요."라고 부담 없이 건네는 의미입니다. "Please don't hesitate to reach out if you have any questions."는 더 정중하고 공식적인 표현으로, 이메일이나 프레젠테이션 등 격식을 갖춘 상황에서 자주 사용됩니다. "궁금한 점이 있으시면 언제든지 편하게 연락해 주세요." 라는 뜻으로 메일 마지막에 자주 쓰입니다.

실전은 이렇게!

A Thanks again for your time today. I've attached the proposal we discussed in the meeting. Please don't hesitate to reach out if you have any questions.

A 오늘 시간을 내 주셔서 다시 한 번 감사드립니다. 회의에서 말씀해 주셨던 제안서를 첨부합니다. 궁금한 점이 있으시면 언제든지 편하게 연락해 주세요.

UNIT 17

그때 말씀 나눴던 것 확인차 연락드려요.

일상 표현

Just checking in on our chat.
그때 말씀 나눴던 것 확인차 연락드려요.

비즈니스 표현

I am writing to follow up on our conversation.
전에 대화를 나눴던 것의 후속 조치에 대해 연락드려요.

이미 함께 논의한 적이 있는 것을 다시 확인할 때, 'check in(확인하다)' 또는 'follow up(확인하다, 팔로업하다)'과 같은 표현을 사용할 수 있습니다. 이때 "Just checking in on our chat." 또는 "Just wanted to check in about ~."은 다소 캐주얼한 느낌입니다. 프로페셔널하게는 "I am writing to follow up on our conversation." 또는 더 구체적으로 "I would like to follow up on our previous conversation regarding ~.(~에 대하여 팔로업하고 싶습니다.)"라고 쓸 수 있습니다.

실전은 이렇게!

A I hope this email finds you well. I am writing to follow up on our conversation regarding the project timeline. Please let me know if you have any questions or concerns.

A 이 이메일이 잘 전달되었기를 바랍니다. 저희가 프로젝트 일정에 관한 대화를 나눴던 것의 후속 조치에 대해 연락드렸습니다. 만약 문의나 우려 사항이 있으시다면 언제든지 말씀해 주세요.

UNIT 18

죄송하지만 귀하는 불합격하셨습니다.

일상 표현

Sorry, you didn't get the job.
죄송하지만 귀하는 불합격하셨습니다.

비즈니스 표현

We regret to inform you that we are unable to offer you the position at this time.
유감스럽지만 귀하는 불합격하셨음을 알려 드립니다.

"죄송합니다.", "유감입니다."와 같은 표현을 캐주얼하게 표현할 때는 "Sorry."라고 해도 괜찮지만, 회사에 지원한 지원자들에게 회사를 대표해서 공식적으로 불합격 통보를 하는 등 격식적인 자리에는 어울리지 않습니다. 격식을 갖추어야 하는 상황에서 상대방에게 부정적인 결과를 통보할 때에는 "We regret to ~"를 쓰는 것이 보다 적절한 방식이라고 할 수 있습니다. 따라서, 불합격했다는 말을 "We regret to inform you that we are unable to offer you the position at this time."과 같이 전달할 수 있습니다.

실전은 이렇게!

A We appreciate your interest in the position, but we have decided to move forward with another candidate.
We regret to inform you that we are unable to offer you the position at this time.

A 이 포지션에 지원해 주셔서 감사드립니다. 하지만 우리는 다른 후보자와 진행하기로 결정했습니다. 지금은 이 포지션을 제공할 수 없음을 유감이라고 생각합니다.

BUSINESS

Chapter 8

특정 분야별 표현

UNIT 01 메인 프로그램에 추가하기 전에 코드를 함께 살펴봅시다.

일상 표현

Let's look at the code together before we add it to the main program.
메인 프로그램에 추가하기 전에 코드를 함께 살펴봅시다.

비즈니스 표현

We need to conduct a code review before we can merge this into the main branch.
메인 브랜치에 병합하기 전에 코드 리뷰를 해야 합니다.

IT 계열의 업무를 할 때 'look at the code(코드를 보다)'보다는 'conduct a code review(코드 리뷰를 하다)'라고 말하는 것이 좀 더 구체적이고 프로페셔널하게 보입니다. 코드 리뷰(code review)는 다른 사람이 작성한 코드를 검토하는 과정으로, 코드의 논리적인 구조, 효율성, 가독성 등을 확인하고 버그나 오류가 있는지를 찾아냅니다. 즉, 'conduct a code review'는 개발자가 작성한 코드가 메인 브랜치(main branch)에 병합되기 전에 다른 개발자가 코드의 품질을 검토해야 한다는 의미입니다. 또한, 메인 브랜치에 병합시키는 것을 말할 때에도, 추가하다(add) 보다는 병합하다(merge) 단어를 쓰는 것이 더 구체적이고 전문적입니다.

실전은 이렇게!

- **A** We need to conduct a code review before we can merge this into the main branch.
- **B** Okay, I'll schedule the code review for tomorrow. Do you have any specific areas you want me to focus on?
- **A** 이것을 메인 브랜치에 병합하기 전에 코드 리뷰를 해야 합니다.
- **B** 좋아요, 내일 코드 리뷰 일정을 잡겠습니다. 특히 초점을 맞출 부분이 있나요?

UNIT 02 인터페이스를 쉽게 사용할 수 있도록 만들어 봅시다.

일상 표현

Let's make the interface easier for people to use.
인터페이스를 쉽게 사용할 수 있도록 만들어 봅시다.

비즈니스 표현

The UI needs to be more user-friendly.
UI(User Interface)가 더 사용자 친화적이어야 합니다.

두 번째 문장 "The UI needs to be more user-friendly.(UI가 더 사용자 친화적이어야 합니다.)"는 사용자들이 시스템이나 프로그램을 사용할 때 어려움을 느끼지 않도록 UI를 개선해야 한다는 의미입니다. 이때 UI(User Interface)는 사용자가 시스템이나 프로그램을 사용하는 방법을 의미하는 단어입니다. 'easier(더 쉬운)'이라는 단어보다 더 구체적인 단어를 사용하여 'user-friendly(사용자 친화적)'라고 표현할 수 있습니다. 따라서 두 번째 문장은 보다 효율적이고 구체적인 표현입니다.

실전은 이렇게!

A The UI needs to be more user-friendly.
B I agree, it's not very intuitive at the moment. Do you have any suggestions for how we can improve it?

A UI가 더 사용자 친화적이어야 합니다.
B 그렇습니다, 현재는 직관적이지 않아요. UI를 개선할 아이디어가 있나요?

UNIT 03 시스템이 많은 사용자를 처리할 수 있도록 해 봅시다.

일상 표현

Let's make sure the system can handle a lot of users.
시스템이 많은 사용자를 처리할 수 있도록 해 봅시다.

비즈니스 표현

We need to ensure that the system is scalable to handle high traffic.
시스템이 고트래픽을 처리할 수 있는 확장성을 갖추어야 합니다.

스케일링은 시스템의 용량을 늘리는 것을 의미합니다. 시스템의 트래픽이 증가하면 시스템의 용량을 늘려야 하기 때문에, 'scalable'이라는 구체적인 단어를 사용한 두 번째 문장이 좀 더 프로페셔널하게 들립니다. 'scalable to handle high traffic'은 'handle a lot of users'와 같은 의미지만, '시스템의 용량을 늘려서 시스템의 트래픽이 증가하더라도 안정적으로 작동할 수 있도록' 해야 한다는 의미를 좀 더 구체적이고 프로페셔널하게 전달하는 표현입니다.

실전은 이렇게!

A We need to ensure that the system is scalable to handle high traffic.
B Yes, we don't want the system to crash during peak usage. What steps do you suggest we take to ensure scalability?
A 시스템이 고트래픽을 처리할 수 있는 확장성을 갖추어야 합니다.
B 맞아요, 시스템이 피크 시간에 다운되지 않도록 해야 해요. 확장성을 보장하기 위해 어떤 단계를 제안하시나요?

UNIT 04

보안 시스템을 더욱 강화해 봅시다.

일상 표현

Let's make the security system stronger.
보안 시스템을 더욱 강화해 봅시다.

비즈니스 표현

We need to implement a more robust security system.
보다 견고한 보안 시스템을 구현해야 합니다.

'robust security system'은 '강력한 보안 시스템'을 의미하므로, 두 번째 문장은 '현재 보안 시스템에 취약점이 있거나 보안 수준이 낮기 때문에, 더 강력한 보안 시스템을 구현하여 시스템을 보호해야 한다'는 의미입니다. 이러한 시스템을 도입하거나 구현한다는 의미로 'implement'라는 단어를 사용할 수 있습니다. 이때 'security'라는 단어와 'robust'라는 단어는 보안 시스템의 강력함과 안정성을 강조하는 표현으로 자주 사용되는 편입니다. 따라서, 보안 시스템을 더 강하게(stronger) 만든다는 표현보다 보안 시스템이 강력하고 안정적이라는 의미로 'robust security system'이라고 하는 것이 더 구체적이고 프로페셔널하게 보입니다.

실전은 이렇게!

A We need to implement a more robust security system.
B Agreed, security is a top priority. What specific measures do you suggest we take to enhance security?
A 보다 견고한 보안 시스템을 구현해야 합니다.
B 동의합니다. 보안은 최우선 과제입니다. 우리가 취해야 할 구체적인 조치는 무엇일까요?

UNIT 05
API를 나중에 쉽게 변경할 수 있도록 만듭시다.

Let's make the API easier to change later.
API를 나중에 쉽게 변경할 수 있도록 만듭시다.

The API needs to be more flexible to accommodate future changes.
API가 앞으로 발생할 변경에 대응할 수 있도록 보다 유연해야 합니다.

API는 'Application Programming Interface'의 약자로, 응용 프로그램 간의 통신을 위한 인터페이스를 의미합니다. 즉, 두 문장 모두 "API가 미래의 변화에 대응하기 위해 유연하게 바뀔 수 있어야 합니다."라는 의미를 담고 있습니다. 이때 API를 나중에 변경하기 '쉽도록(easier)'이라는 표현보다는 '유연하게 바꿀 수 있게(flexible)'라고 표현하는 것이 좀 더 프로페셔널하게 들립니다. 또한 '나중에 발생할 수 있는 변동 사항을 수용하다'라는 뜻으로 'accommodate future changes'라는 표현으로 구체화할 수 있습니다.

실전은 이렇게!

A The API needs to be more flexible to accommodate future changes.
B I see what you mean. How can we make the API more flexible without sacrificing performance?

A API가 앞으로 발생할 변경에 대응할 수 있도록 보다 유연해야 합니다.
B 이해가 됩니다. 성능을 희생하지 않고 API를 어떻게 더 유연하게 만들 수 있을까요?

UNIT 06   오류 처리를 위한 계획을 세워 봅시다.

일상 표현

Let's make a plan for dealing with errors.
오류 처리를 위한 계획을 세워 봅시다.

비즈니스 표현

We need to establish a protocol for handling errors.
오류 처리 프로토콜을 수립해야 합니다.

'establish'는 '설립하다, 정립하다'를 의미하는 동사로, 'establish a protocol(프로토콜을 수립하다)'이라고 하면 시스템에서 발생하는 에러를 처리하기 위한 규칙 또는 약속을 정립해야 한다는 의미입니다. 프로토콜은 두 개 이상의 주체가 서로의 행동을 조율하기 위해 사용하는 규칙 또는 약속이므로, '오류(error) 처리 프로토콜'은 시스템에서 발생하는 오류를 처리하기 위한 규칙 또는 약속입니다. 따라서 두 번째 문장은 단순히 '오류 처리를 위한 계획(plan for dealing with errors)'이라고 말하는 것보다 더 프로페셔널하고 구체적으로 들립니다.

실전은 이렇게!

A We need to establish a protocol for handling errors.
B Yes, it's important to have a clear process in place for addressing errors. Do you have any ideas for how we can establish this protocol?
A 오류 처리 프로토콜을 수립해야 합니다.
B 맞아요, 오류를 처리하는 명확한 프로세스를 가지는 것이 중요합니다. 이 프로토콜을 수립하기 위해 어떤 아이디어가 있나요?

UNIT 07 새로운 요구 사항에 맞게 데이터베이스를 변경해야 해요.

일상 표현

We need to change the database to fit the new needs.
새로운 요구 사항에 맞게 데이터베이스를 변경해야 해요.

비즈니스 표현

The database schema needs to be updated to reflect the new requirements.
새로운 요구 사항을 반영하기 위해 데이터베이스 스키마를 업데이트해야 합니다.

'스키마'는 데이터베이스의 구조 즉, 데이터베이스에 저장되는 데이터의 종류, 데이터의 속성, 데이터 간의 관계 등을 정의합니다. 따라서 새로운 요구 사항이 발생하면 스키마를 업데이트하여 이를 반영해야 합니다. 두 번째 문장과 같이 구체적으로 '스키마(schema)'라는 단어를 써 주는 것이 프로페셔널하게 들리며, 'fit the new needs(새로운 요구 사항에 맞추다)'라고 표현하는 것보다 'reflect the new requirements(새로운 요구 사항을 반영하다)'라고 말하는 것이 더 구체적이고 프로페셔널하게 들립니다.

실전은 이렇게!

A The database schema needs to be updated to reflect the new requirements.
B Okay, I'll make sure the schema is updated. Do you have any specific changes you want me to make?

A 새로운 요구사항을 반영하기 위해 데이터베이스 스키마를 업데이트해야 합니다.
B 알겠습니다. 스키마를 업데이트하도록 하겠습니다. 구체적으로 어떤 변경 사항을 원하시나요?

UNIT 08 데이터베이스를 더 빠르게 만들어야 해요.

일상 표현

We need to make the database faster.
데이터베이스를 더 빠르게 만들어야 해요.

비즈니스 표현

We need to optimize the database queries to reduce latency.
지연 시간을 줄이기 위해 데이터베이스 쿼리를 최적화해야 합니다.

첫 번째 문장은 단순히 'make the database faster(데이터베이스를 더 빠르게 만들다)'라는 의미입니다. 반면 두 번째 문장은 좀 더 구체적이고 프로페셔널합니다. optimize는 '최적화하다'를 의미하고, 'optimize the database queries'는 '데이터베이스 쿼리를 최적화하다'를 의미합니다. 이때, 데이터베이스에서 데이터를 검색하거나 수정하기 위한 명령을 의미하는 단어인 'queries'와 쿼리가 실행되는 데 걸리는 시간을 의미하는 'latency' 등의 구체적인 단어를 사용하는 것이 더 프로페셔널한 표현입니다.

실전은 이렇게!

A We need to optimize the database queries to reduce latency.
B Definitely, slow queries can really impact performance. Do you have any suggestions for how we can optimize the queries?

A 지연 시간을 줄이기 위해 데이터베이스 쿼리를 최적화해야 합니다.
B 그렇습니다, 느린 쿼리는 성능에 영향을 미칠 수 있습니다. 어떻게 쿼리를 최적화할 수 있는지 아이디어가 있으신가요?

UNIT 09

이 보고서를 자세히 설명해 줄 수 있나요?

일상표현

Can you break down this report for me?
이 보고서를 자세히 설명해 줄 수 있나요?

비즈니스 표현

Could you please provide me with a detailed analysis of this report?
이 보고서에 대한 자세한 분석을 제공해 주실 수 있을까요?

'break down'은 '분해하다, 분석하다'를 의미합니다. 따라서 "Could you break down this report for me?"라는 문장은 "이 보고서를 분석해 주시겠어요?"라는 뜻의 간단하고 직접적인 표현입니다. 두 번째 문장에서 'detailed analysis'를 사용하는 것은 이보다 더 구체적이고 전문적인 표현입니다. detailed이라는 단어를 사용하여 보고서의 분석이 얼마나 자세한지 강조하고, 보고서의 내용을 세부적으로 분석하여 정보를 제공해 달라는 요청입니다. '보고서에 대한 자세한 분석을 제공하다(provide a detailed analysis of this report)'라고 말하는 것이 더 구체적이고 프로페셔널한 표현입니다.

실전은 이렇게!

A Could you please provide me with a detailed analysis of this financial report?

B Sure, I can provide a detailed analysis by the end of the day. Is there anything in particular you want me to focus on?

A 이 재무 보고서에 대한 자세한 분석을 제공해 주실 수 있을까요?

B 네, 오늘 중에 자세한 분석을 제공할 수 있습니다. 특별히 초점을 맞출 부분이 있나요?

UNIT 10

금융 규정을 모두 따라야 할 필요가 있습니다.

일상 표현

We need to follow all the financial rules.
금융 규정을 모두 따라야 할 필요가 있습니다.

비즈니스 표현

We need to ensure that we are compliant with all the relevant financial regulations.
모든 관련 금융 규정을 준수하도록 보장해야 합니다.

규칙이나 규정을 따른다고 말을 한다면, 'follow(따르다)'보다 'compliant(준수하는, 적합한)'이 더 전문적이고 구체적으로 들립니다. 두 번째 문장에서 'be compliant with all the relevant financial regulations(모든 관련 금융 규정을 준수하다)'는 회사가 운영하는 과정에서 발생하는 모든 금융 활동이 관련 법규를 준수하는지 확인해야 한다는 의미입니다. 또한, relevant는 '관련된, 적절한'을 의미하는 형용사로, '모든 규칙들(all rules)'을 따른다고 말하는 것보다 '모든 관련된 규정 및 법규들(all the relevant financial regulations)'이 더 프로페셔널해 보입니다.

실전은 이렇게!

- **A** We need to ensure that we are compliant with all the relevant financial regulations.
- **B** Yes, compliance is critical. What specific regulations do we need to be aware of and how can we ensure compliance?

- **A** 모든 관련 금융 규정을 준수하도록 보장해야 합니다.
- **B** 그렇습니다, 준수는 매우 중요합니다. 우리가 알아야 할 구체적인 규정이 있나요? 어떻게 준수를 보장할 수 있을까요?

UNIT 11

그 프로젝트에 더 많은 돈을 투자해야 합니다.

일상 표현

We should put more money into the project.
그 프로젝트에 더 많은 돈을 투자해야 합니다.

비즈니스 표현

I think it would be beneficial to allocate more resources to the project.
그 프로젝트에 더 많은 자원을 배분하는 것이 유익할 것 같습니다.

첫 번째 문장에서 'put more money into the project(프로젝트에 돈을 더 투입하다)'는 다소 직접적인 표현입니다. 반면, 두 번째 문장에서 'allocate more resources to the project(프로젝트에 더 많은 자원을 할당하다)'는 좀 더 프로페셔널하고 전문적으로 들립니다. beneficial(유익한, 도움이 되는), allocate(할당하다, 배정하다), resources(자원) 등의 구체적인 단어를 사용함으로써 두 문장은 같은 뜻을 나타내지만, 프로페셔널한 상황에서 두 번째 문장이 더 어울릴 수 있습니다.

실전은 이렇게!

A I think it would be beneficial to allocate more resources to information security.
B That's a good point. What specific areas of information security do you think we should focus on?

A 정보 보안에 더 많은 자원을 투자하는 것이 유익할 것 같습니다.
B 좋은 의견입니다. 구체적으로 어떤 정보 보안에 초점을 맞춰야 할까요?

UNIT 12   이 투자 기회의 위험 요소를 살펴봅시다.

일상 표현

Let's check out the risks of this investment opportunity.
이 투자 기회의 위험 요소를 살펴봅시다.

비즈니스 표현

We need to assess the risks associated with this investment opportunity.
이 투자 기회와 관련된 위험을 평가해야 합니다.

두 문장 모두 "이 투자 기회와 관련된 위험을 평가해야 합니다."라는 같은 의미를 포함하지만, 'check out'은 일상적인 표현인 반면, 'assess'는 좀 더 전문적인 표현입니다. 투자 전에 투자 기회와 관련된 위험을 파악하고 자신의 투자 목표와 위험 수용 범위에 적합한 투자 기회인지 평가해야 한다는 의미로 'assess'를 쓰면 더 구체적이고 프로페셔널하게 들립니다.

실전은 이렇게!

A We need to assess the risks associated with this investment opportunity.
B Agreed, we need to make sure we're making a smart investment. What specific risks do we need to consider?

A 이 투자 기회와 관련된 위험을 평가해야 합니다.
B 그렇습니다, 스마트한 투자를 하기 위해서는 위험을 고려해야 합니다. 구체적으로 어떤 위험을 고려해야 할까요?

UNIT 13

이 프로젝트는 투자 가치가 있나요?

Is this project worth the investment?
이 프로젝트는 투자 가치가 있나요?

We need to assess the return on investment for this project.
이 프로젝트의 투자 수익률을 평가해야 합니다.

두 문장 모두 "이 프로젝트의 투자 수익률을 평가해야 합니다."라는 의미로, 프로젝트에 투자한 비용 대비 프로젝트에서 얻을 수 있는 수익을 평가해야 한다는 뜻입니다. 'return on investment(ROI)'라는 단어는 '투자 수익률'을 의미하는 구체적인 표현입니다. 예를 들어, "This project has a high ROI."는 "이 프로젝트는 투자 수익률이 높습니다."라는 의미입니다. 두 번째 문장은 투자(investment)에 대한(on) 수익(return)을 의미하는 전문적인 표현을 사용하므로, 단순히 이 프로젝트가 투자 가치가 있는지를 물어보는 "Is this project worth the investment?"보다 프로페셔널한 표현입니다.

실전은 이렇게!

A We need to assess the return on investment for this project.
B Yes, we need to make sure the project is financially viable. How can we determine the potential return on investment?

A 이 프로젝트의 투자 수익률을 평가해야 합니다.
B 네, 프로젝트가 재정적으로 타당한지 확실히 해야 합니다. 잠재적인 투자 수익률을 어떻게 결정할 수 있을까요?

UNIT 14 현금 흐름표를 자세히 설명해 줄 수 있나요?

일상 표현

Can you explain the cash flow statement more?
현금 흐름표를 자세히 설명해 줄 수 있나요?

비즈니스 표현

Can you provide a detailed explanation of the cash flow statement?
현금 흐름 계산서에 대해 상세한 설명을 제공해 주실 수 있나요?

'현금 흐름표(cash flow statement)'는 기업의 일정 기간 동안의 현금의 유입과 유출을 보여 주는 재무제표입니다. 첫 번째 문장은 보다 일상적인 표현으로, 현금 흐름표에 대해 자세한 설명을 제공해 달라고 요청하는 의미로 사용되었습니다. 두 번째 문장은 보다 구체적인 표현으로, 현금 흐름표의 특정 항목이나 사항에 대해 자세한 설명을 제공해 달라고 요청하는 의미로 사용할 수 있습니다. 좀 더 자세한 설명을 요청하기 위해 detailed(구체적인, 상세한)라는 단어를 사용하는 것이 더 구체적이고 프로페셔널합니다.

실전은 이렇게!

A Can you provide a detailed explanation of the cash flow statement?
B Sure, I can walk you through the statement and explain each section. Is there anything in particular you want me to focus on?

A 현금 흐름 계산서에 대해 상세한 설명을 제공해 주실 수 있나요?
B 네, 계산서를 안내하며 각 부분을 설명해 드릴 수 있습니다. 특별히 초점을 맞출 부분이 있나요?

UNIT 15

재무제표가 정확하고 최신인지 확인해야 해요.

일상 표현

We need to make sure our financial statements are correct and current.

재무제표가 정확하고 최신인지 확인해야 해요.

비즈니스 표현

We need to ensure that our financial statements are accurate and up to date.

재무제표가 정확하고 최신인지 확인해야 합니다.

두 표현은 모두 "재무제표(financial statements)가 정확하고 최신임을 확인해야 합니다."라는 뜻이지만, 'accurate and up to date'가 더 전문적인 표현입니다. 'up-to-date'는 '최신의'를 의미하는 형용사로, 'current(현재의)'보다 구체적인 표현입니다. 'accurate'는 '정확한'을 의미하여, '올바른'을 의미하는 'correct'보다 구체적입니다. 따라서 'accurate and up-to-date'는 'correct and current'보다 재무제표가 정확하고 최신의 정보를 반영하고 있음을 의미하는 좀 더 프로페셔널한 표현입니다.

실전은 이렇게!

A We need to ensure that our financial statements are accurate and up to date.

B Absolutely, accuracy is key. How often do you think we should review and update our financial statements?

A 재무제표가 정확하고 최신인지 확인해야 합니다.

B 네, 정확성이 중요합니다. 우리가 재무제표를 얼마나 자주 검토하고 업데이트해야 한다고 생각하십니까?

UNIT 16 이자율이 우리의 재무 계획에 어떤 영향을 미치나요?

일상 표현

How do interest rates affect our financial plan?
이자율이 우리의 재무 계획에 어떤 영향을 미치나요?

비즈니스 표현

We need to assess the impact of interest rates on our financial plan.
이자율이 재무 계획에 미치는 영향을 평가해야 합니다.

두 문장 모두 금리가 재무 계획의 각 항목에 어떤 영향을 미치는지 구체적으로 질문하는 표현입니다. 이때 '영향을 미치다'라는 뜻으로 affect와 impact를 모두 사용할 수 있지만, affect는 보다 일반적인 표현으로, 어떤 것이 다른 것에 변화를 가져오는 것을 의미합니다. 한편, impact는 어떤 것이 다른 것에 미치는 구체적인 변화를 의미합니다. 또한 assess(평가하다)라는 단어를 사용하여 두 번째 문장이 더 구체적이고 프로페셔널하게 의미를 전달할 수 있습니다.

실전은 이렇게!

A We need to assess the impact of interest rates on our financial plan.
B Yes, that's important. How do you propose we do that?

A 이자율이 재무 계획에 미치는 영향을 평가해야 합니다.
B 그렇습니다, 중요합니다. 어떻게 평가하는 것이 좋을지 제안하시겠어요?

UNIT 17

위험 회피를 위해 다양한 것에 투자해야 해요.

일상 표현

We need to invest in different things to avoid risk.
위험 회피를 위해 다양한 것에 투자해야 해요.

비즈니스 표현

It is important to diversify our investment portfolio to minimize risk.
위험을 최소화하기 위해 투자 포트폴리오를 다각화하는 것이 중요합니다.

두 문장 모두 "위험을 최소화하기 위해 투자 포트폴리오를 다각화하는 것이 중요합니다."라는 뜻을 포함하지만, 두 번째 문장이 더 구체적이고 프로페셔널하게 들립니다. 'diversify our investment portfolio to minimize risk'는 '투자 포트폴리오를 다양한 자산으로 구성하여 위험을 최소화하다'라는 의미로, diversify와 minimize를 사용하여 의미를 구체적이고 프로페셔널하게 전달합니다. 반면, 'invest in different things to avoid risk'는 보다 캐주얼한 표현이라고 할 수 있습니다.

실전은 이렇게!

A It is important to diversify our investment portfolio to minimize risk.
B Absolutely. What steps do you suggest we take to achieve that?

A 위험을 최소화하기 위해 투자 포트폴리오를 다각화하는 것이 중요합니다.
B 절대적으로 그렇습니다. 이를 실현하기 위해 어떤 단계를 제안하시겠어요?

UNIT 18 지출이 과도하지 않도록 해 봅시다.

일상 표현

Let's make sure we're not overspending.
지출이 과도하지 않도록 해 봅시다.

비즈니스 표현

It is important to monitor our spending to ensure that we are staying within our budget.
예산 내에 머무르고 있는지 확인하기 위해 지출 내역을 모니터링하는 것이 중요합니다.

두 문장 모두 "예산을 초과하지 않도록 지출을 모니터링하는 것이 중요합니다."라는 뜻이지만, 첫 번째 문장은 일반적인 의미로 사용되었고, 두 번째 문장은 좀 더 전문적이고 구체적인 문맥에서 사용할 수 있습니다. 'make sure'와 'ensure'은 '확실히 하다'라는 같은 의미지만, 'not overspending(초과 지출하지 않는)'과 'staying within our budget(예산 내에 머무르는)'에서 'budget(예산)'을 언급하여 더 전문적으로 들립니다.

실전은 이렇게!

A It is important to monitor our spending to ensure that we are staying within our budget.
B I completely agree. How frequently do you think we should review our budget?

A 예산 내에 머무르고 있는지 확인하기 위해 지출 내역을 모니터링하는 것이 중요합니다.
B 전적으로 동의합니다. 예산 검토는 얼마나 자주 해야 한다고 생각하십니까?

UNIT 19 우리 제품을 경쟁에서 이길 수 있게 만들어야 합니다.

We need to make our product stand out from the rest.
우리 제품을 경쟁에서 이길 수 있게 만들어야 합니다.

It is important to develop a strong value proposition.
강력한 가치 제안을 개발하는 것이 중요합니다.

'stand out from the rest'는 우리 제품이나 서비스가 다른 제품들보다 눈에 띄게 돋보이도록 해야 한다는 의미로, 보다 일반적이고 직관적인 표현입니다. 한편, 'value proposition'은 제품이나 서비스가 고객의 문제를 어떻게 해결하고 어떤 이점을 제공하는지를 명확하게 설명하는 핵심 개념으로, 이는 제품 또는 서비스가 어떤 가치를 제공하는지를 간결하게 전달합니다. 또한, 이는 경쟁사와 차별화되는 요소를 강조함으로써 전략 우위(strategic advantage)를 형성하는 기반이 될 수 있습니다. 따라서 'stand out from the rest'라고 풀어서 설명할 수도 있지만, 'value proposition'이라는 용어를 사용하면 더 전문적이고 명확한 인상을 줄 수 있습니다. 특히 비즈니스나 마케팅적인 콘텍스트에서는 이러한 표현이 전문성과 신뢰도를 높이는 데 도움이 됩니다.

실전은 이렇게!

A Before we move forward with the marketing strategy, I think it is important to develop a strong value proposition that clearly sets us apart from competitors.
B Good point. That's actually something we've been overlooking.

A 마케팅 전략을 추진하기에 앞서, 경쟁사와 차별화할 수 있는 강력한 가치 제안을 개발하는 것이 중요하다고 생각합니다.
B 좋은 지적입니다. 사실 그 부분을 우리가 놓치고 있었던 것 같아요.

UNIT 20

이 캠페인의 대상은 누구인가요?

일상 표현

Who are we targeting with this campaign?
이 캠페인의 대상은 누구인가요?

비즈니스 표현

Can you provide an overview of the target audience for this campaign?
이 캠페인의 대상 시장을 개괄적으로 설명해 주실 수 있나요?

두 문장 모두 "이 캠페인의 대상은 누구입니까?"라는 뜻이지만, 첫 번째 문장은 좀 더 직접적이고 일반적인 반면, 두 번째 문장은 구체적이고 프로페셔널하게 들립니다. 두 번째 문장에서 'overview'는 '개요'를 의미하고, 'target audience'는 '대상 고객'을 의미합니다. 첫 번째 문장에 쓰인 단어들은 대체적으로 일상에서 많이 쓰이는 표현들로 이루어져 있습니다.

실전은 이렇게!

A Can you provide an overview of the target audience for this campaign?
B Sure, we are targeting young professionals who are interested in sustainable products.

A 이 캠페인의 대상 시장을 개괄적으로 설명해 주실 수 있나요?
B 물론입니다, 저희는 지속 가능한 제품에 관심이 있는 청년들을 대상으로 하고 있습니다.

UNIT 21

현재의 마케팅 전략이 효과가 있는 건가요?

일상 표현

Are our current marketing strategies working?
현재의 마케팅 전략이 효과가 있는 건가요?

비즈니스 표현

We need to assess the effectiveness of our current marketing strategies.
현재 마케팅 전략의 효과를 평가해야 합니다.

두 문장 모두 "현재의 마케팅 전략이 효과적입니까?"라는 뜻을 전달하지만, 두 번째 문장이 좀 더 프로페셔널한 뉘앙스를 나타냅니다. 'assess(평가하다)'와 'effectiveness(효과)'라는 구체적인 단어를 사용해서 현재의 마케팅 전략이 얼마나 효과적인지 평가해야 한다는 의미를 프로페셔널하게 전달할 수 있습니다. 한편, 첫 번째 문장에서의 'work'은 '효과가 있다'라는 의미로 사용되었습니다. 이는 두 번째 문장보다 더 직접적으로 물어볼 수 있는 표현입니다.

실전은 이렇게!

A We need to assess the effectiveness of our current marketing strategies.
B Definitely. How do you propose we measure our success?

A 현재의 마케팅 전략의 효과를 평가해야 합니다.
B 정말 그렇습니다. 저희가 성공을 어떻게 측정할지 제안해 보시겠어요?

UNIT 22
우리의 경쟁자는 누구이고 무엇을 하고 있나요?

일상 표현

Who are our competitors and what are they doing?
우리의 경쟁자는 누구이고 무엇을 하고 있나요?

비즈니스 표현

Can you provide a detailed analysis of the competition?
경쟁사에 대한 자세한 분석을 제공해 주시겠습니까?

두 문장 모두 "경쟁사를 분석해 주세요."라는 뜻으로, 경쟁사들과 그들이 무엇을 하고 있는지에 대해 묻는 표현입니다. 첫 번째 문장은 이를 직접적이고 일반적으로 표현하고 있으며, 두 번째 문장이 좀 더 프로페셔널하게 들립니다. 'detailed analysis of the competition(경쟁에 대한 상세한 분석)'의 제공을 요청하는 것은 단순히 'what are they doing(그들이 무엇을 하고 있는지)'라고 묻는 것보다 구체적이고 전문적입니다.

실전은 이렇게!

A Can you provide a detailed analysis of the competition?
B Yes, I've conducted research on our top five competitors and can provide a report for our team.

A 경쟁사에 대한 자세한 분석을 제공해 주시겠습니까?
B 네, 우리의 5대 경쟁 업체에 대한 연구를 수행했고, 우리 팀에 보고서를 제공할 수 있습니다.

UNIT 23 앞으로 몇 개월 동안의 마케팅 계획을 세워 봅시다.

일상 표현

Let's plan our marketing strategy for the next few months.
앞으로 몇 개월 동안의 마케팅 계획을 세워 봅시다.

비즈니스 표현

We need to develop a comprehensive marketing plan for the next quarter.
다음 분기를 위한 포괄적인 마케팅 계획을 개발해야 합니다.

"다음 몇 개월 동안의 포괄적인 마케팅 계획을 수립해야 합니다."라고 말하고 싶을 때, 두 번째 문장이 구체적이고 프로페셔널하게 표현하고 있습니다. 'comprehensive marketing plan'은 '포괄적인 마케팅 계획'을 의미하므로 구체성을 부여합니다. 또한, plan보다 develop을 사용하고, '향후 몇 달 동안(for the next few months)'이라고 표현하는 것보다 '다음 분기에(for the next quarter)'로 표현하는 것이 더 프로페셔널하게 들립니다.

실전은 이렇게!

A We need to develop a comprehensive marketing plan for the next quarter.
B Agreed. Who do you think should be in charge of leading this project?
A 다음 분기를 위한 포괄적인 마케팅 계획을 개발해야 합니다.
B 동의합니다. 이 프로젝트를 이끌어 나갈 담당자는 누가 될 것 같나요?

UNIT 24

우리의 마케팅은 회사의 목표와 일치해야 합니다.

일상 표현

Our marketing should match the company's goals.
우리의 마케팅은 회사의 목표와 일치해야 합니다.

비즈니스 표현

It is important to ensure that our marketing efforts align with the company's overall objectives.
우리의 마케팅적인 노력이 회사의 전반적인 목표와 일치하는 것이 중요합니다.

두 표현 모두 "마케팅을 할 때, 기업의 전체 목표와 일치하도록 해야 합니다."라는 뜻을 전달하고 있지만, 두 번째 문장은 보다 공식적이고 전문적인 표현입니다. '목표와 맞다'라는 표현을 할 때, 'match(일치하다)'라고 말하는 것보다 'align with(일치하다)'를 사용하는 것이 더 프로페셔널하게 들립니다. 또한 '목표'를 의미하는 'objectives'는 일반적이고 추상적인 'goals'보다 더 구체적이고 측정 가능한 목표를 뜻합니다.

실전은 이렇게!

A It is important to ensure that our marketing efforts align with the company's overall objectives.
B Yes, we need to make sure that everything we do supports our company's mission and values.

A 우리의 마케팅적인 노력이 회사의 전반적인 목표와 일치하는 것이 중요합니다.
B 맞습니다, 우리가 하는 모든 것이 회사의 미션과 가치를 지원하는지 확인해야 합니다.

UNIT 25

우리 회사가 강한 브랜드를 가지도록 해 봅시다.

일상 표현

Let's make sure our company has a strong brand.
우리 회사가 강한 브랜드를 가지도록 해 봅시다.

비즈니스 표현

We need to develop a strong brand identity for the company.
회사를 위한 강력한 브랜드 정체성을 개발해야 합니다.

결국 두 문장 모두 "회사의 강력한 브랜드 정체성을 개발해야 합니다."라는 뜻이지만, 첫 번째 문장은 좀 더 직접적인 표현입니다. 'develop a strong brand identity'라는 표현은 보다 공식적이고 전문적인 표현입니다. 첫 번째 문장의 'strong brand'에 비해 두 번째 문장의 'strong brand identity'는 회사의 핵심 가치, 목표, 메시지를 명확하고 간결하게 표현할 수 있어 더 전문적입니다. 이때 'brand identity(브랜드의 정체성)'는 브랜드를 소비자들에게 어떻게 인식시키고 싶은지를 보여 줍니다.

실전은 이렇게!

A We need to develop a strong brand identity for the company.
B Absolutely. What do you think are some key elements that should be included in our brand identity?
A 회사를 위한 강력한 브랜드 정체성을 개발해야 합니다.
B 정말 그렇습니다. 우리의 브랜드 정체성에 포함시켜야 할 핵심 요소는 무엇인가요?

UNIT 26 산업 내에서 무슨 일이 일어나는지 따라가야 해요.

We need to keep up with what's going on in our industry.
산업 내에서 무슨 일이 일어나는지 따라가야 해요.

It is important to stay up-to-date with industry trends and developments.
산업 동향과 개발에 대해 최신 정보를 유지하는 것이 중요합니다.

두 문장 모두 "업계 동향과 발전 상황에 대해 업데이트하는 것이 중요합니다."라는 뜻이지만, 두 번째 문장은 이를 더 구체적이고 전문적으로 표현합니다. 'keep up with'는 '~을 따라가다'라는 뜻으로, 특정 변화나 속도에 맞추어 따라가는 것을 의미하는 반면, 'stay up-to-date with(최신 상태로 유지하다)'는 특정 분야의 최신 정보와 지식을 익히는 것을 의미하여 좀 더 구체적이고 전문적입니다. 또한, 'industry trends and developments'는 '업계 동향과 발전'을 의미하는 구체적인 표현인 반면, 'what's going on in our industry'는 '우리 업계에서 일어나고 있는 일'을 의미하는 보다 일반적인 표현입니다.

실전은 이렇게!

A It is important to stay up-to-date with industry trends and developments.
B Definitely. How do you propose we stay informed on the latest trends and developments?

A 산업 동향과 개발에 대해 최신 정보를 유지하는 것이 중요합니다.
B 그렇습니다. 최신 동향과 개발 상황에 대한 정보를 어떻게 얻을 수 있을까요?

UNIT 27 모든 마케팅 채널에서 동일한 메시지를 사용해야 합니다.

일상 표현
We should use the same message on all marketing channels.
모든 마케팅 채널에서 동일한 메시지를 사용해야 합니다.

비즈니스 표현
We need to ensure that our messaging is consistent across all marketing channels.
모든 마케팅 채널에서 메시지가 일관성 있게 전달되도록 보장해야 합니다.

두 문장 모두 "모든 마케팅 채널에서 메시지가 일관되도록 해야 합니다."라는 의미이지만, 두 번째 문장이 좀 더 구체적이고 프로페셔널하게 들립니다. 'across'는 '가로질러' 또는 '전반에 걸쳐'라는 뜻의 전치사로, 'consistent across'는 '모든 것에 걸쳐 일관하다'라는 뜻입니다. 따라서 "Our messaging is consistent across all marketing channels."는 "우리의 모든 마케팅 채널에서 메시지가 일관되도록 한다."라는 의미입니다. 반면, 'use the same message on all marketing channels'는 '모든 마케팅 채널에서 동일한 메시지를 사용하다'라는 다소 일반적인 표현입니다.

실전은 이렇게!

A We need to ensure that our messaging is consistent across all marketing channels.
B Yes, that's crucial. How can we make sure that our messaging is consistent?

A 모든 마케팅 채널에서 메시지가 일관성 있게 전달되도록 보장해야 합니다.
B 네, 맞습니다. 우리의 메시지가 일관성 있게 전달되는 방법은 무엇인가요?

UNIT 28
고객이 계속해서 돌아오도록 해야 해요.

일상 표현

We need to keep our customers happy so they keep coming back.
고객이 계속해서 돌아오도록 해야 해요.

비즈니스 표현

It is important to develop strong relationships with our customers to improve retention rates.
고객의 유지율을 높이기 위해 강력한 관계를 구축하는 것이 중요합니다.

두 표현 모두 "고객과의 강력한 관계를 발전시켜서 고객 유지율을 높이는 것이 중요합니다."라는 뜻이지만, 두 번째 문장이 더 구체적이고 전문적인 표현입니다. 'strong relationships'는 '강력한 관계'를 의미하고, 이는 첫 번째 문장의 'keep our customers happy(고객을 행복하게 하다)'라는 표현보다 더 구체적이며 프로페셔널합니다. 또한, 'retention rates'는 '고객 유지율'을 의미하므로 'keep coming back(계속 돌아오게 하다)'라고 말하는 것보다 더 프로페셔널한 표현입니다.

실전은 이렇게!

A It is important to develop strong relationships with our customers to improve retention rates.
B Absolutely. How can we improve our customer service to foster these relationships?

A 고객의 유지율을 높이기 위해 강력한 관계를 구축하는 것이 중요합니다.
B 정말 그렇습니다. 이러한 관계를 조성하기 위해 우리가 개선해야 할 고객 서비스는 무엇인가요?

UNIT 29   우리 산업에서 함께 일할 수 있는 대형 기업은 누구인가요?

일상 표현

Who are the big players in our industry that we can work with?
우리 산업에서 함께 일할 수 있는 대형 기업은 누구인가요?

비즈니스 표현

We need to identify key influencers in our industry to target for collaborations.
협업을 위해 대상 산업의 주요 영향력 있는 인플루언서를 파악해야 합니다.

여기에서 'key influencers'는 업계에서 큰 영향을 미치는 플레이어들을 의미하고, 'big players' 또한 '큰 기업'이나 '주요 경쟁사'를 의미합니다. 따라서 위의 두 문장은 모두 우리 업계의 어떤 큰 기업이나 주요 경쟁사와 협업할 수 있는지를 언급하는 표현입니다. 여기서 'collaborations'는 '협업'을 의미하는 구체적인 표현으로, '함께 일하다'라는 뜻의 'work with'보다 구체적이고 전문적인 표현입니다.

실전은 이렇게!

A   We need to identify key influencers in our industry to target for collaborations.
B   Yes, that's a great idea. Who do you think would be a good fit for our brand?
A   협업을 위해 대상 산업의 주요 영향력 있는 인플루언서를 파악해야 합니다.
B   네, 좋은 생각이에요. 우리 브랜드에 적합한 인플루언서는 누구인가요?

UNIT 30 대상을 그룹으로 세분화해서 명확하게 타기팅해 봅시다.

일상 표현

We should divide our audience into groups to better target them.
대상을 그룹으로 세분화해서 명확하게 타기팅해 봅시다.

비즈니스 표현

We need to develop a strong customer segmentation strategy to better target our audience.
우리의 대상 고객을 더 잘 타기팅하기 위해 강력한 고객 세분화 전략을 개발해야 합니다.

두 표현 모두 "고객을 세분화하여 우리의 타기팅을 개선해야 합니다."라는 뜻이지만, 두 번째 문장이 이를 더 구체적이고 프로페셔널하게 전달할 수 있습니다. 'customer segmentation'은 '고객 세분화'를 의미하는 구체적인 표현으로, 고객을 공통된 특성에 따라 그룹으로 나누는 과정을 의미하는 전문적인 표현입니다. 반면, 'divide our audience into groups'는 '우리의 청중을 그룹으로 나누다'라는 보다 일반적인 표현입니다.

실전은 이렇게!

A We need to develop a strong customer segmentation strategy to better target our audience.
B Definitely. How do you propose we segment our audience?

A 우리의 대상 고객을 더 잘 타깃팅하기 위해 강력한 고객 세분화 전략을 개발해야 합니다.
B 맞습니다. 어떻게 우리의 대상 고객을 세분화할 수 있을까요?